Różaniec

SIOSTRA EMMANUEL MAILLARD

RÓŻANIEC

Podróż, która zmieni twoje życie

© 2021 by Children of Medjugorje inc.
All rights reserved.

Przetłumaczone przez INSERT

Wszelkie prawa zastrzeżone. Żadna część niniejszej publikacji nie może być powielana, rozpowszechniana lub przekazywana w jakiejkolwiek formie lub w jakikolwiek sposób, w tym poprzez fotokopiowanie, nagrywanie lub za pomocą innych metod elektronicznych lub mechanicznych, bez uprzedniej pisemnej zgody wydawcy, z wyjątkiem krótkich cytatów zawartych w recenzjach krytycznych i niektórych innych niekomercyjnych zastosowań dozwolonych przez prawo autorskie.

ISBN-13: 978-1-7377881-0-2 (KSIĄŻKA W BROSZUROWEJ OPRAWIE)
ISBN-13: 978-1-7377881-1-9 (E-BOOK W FORMACIE EPUB)

10 9 8 7 6 5 4 3 2 1

Dostępne w e-booku.

Children of Medjugorje
www.childrenofmedjugorje.com

Używając wyrażeń: „Matka Boża ukazuje się" albo „Matka Boża mówi", autor i wydawca tej książki w żadnym razie nie zamierzają wyprzedzić osądu Kościoła na temat autentyczności objawień Maryi w Medjugoriu. Podają tylko swoją osobistą opinię albo opinię świadków tego, co aktualnie dzieje się w Medjugoriu.

Oświadczają, że publikują tę książkę w celu informacyjnym i że poddadzą się rozeznaniu Kościoła, gdy tylko zostanie ono podane do wiadomości.

Niektóre orędzia Maryi nie mają daty. Zostały one przekazane na żywo przez widzących podczas ich licznych objawień.

Spis treści

Wstęp . . . xiii

Tajemnice radosne

1

PIERWSZA TAJEMNICA RADOSNA . . . 3
Zwiastowanie

DRUGA TAJEMNICA RADOSNA . . . 7
Nawiedzenie św. Elżbiety

TRZECIA TAJEMNICA RADOSNA . . . 17
Narodzenie Jezusa w Betlejem

CZWARTA TAJEMNICA RADOSNA . . . 23
Ofiarowanie Pana Jezusa w Świątyni

PIĄTA TAJEMNICA RADOSNA . . . 27
Odnalezienie Pana Jezusa w Świątyni

Tajemnice światła

PIERWSZA TAJEMNICA ŚWIATŁA ... 35
Chrzest Pana Jezusa w wodach Jordanu

DRUGA TAJEMNICA ŚWIATŁA ... 41
Gody w Kanie Galilejskiej

TRZECIA TAJEMNICA ŚWIATŁA ... 47
Głoszenie królestwa Bożego i
wezwanie do nawrócenia

CZWARTA TAJEMNICA ŚWIATŁA ... 55
Przemienienie na górze Tabor

PIĄTA TAJEMNICA ŚWIATŁA ... 61
Ustanowienie Eucharystii

Tajemnice bolesne

PIERWSZA TAJEMNICA BOLESNA ... 73
Modlitwa Pana Jezusa w Ogrójcu

DRUGA TAJEMNICA BOLESNA ... 79
Ubiczowanie Pana Jezusa

TRZECIA TAJEMNICA BOLESNA ... 87
Cierniem ukoronowanie

CZWARTA TAJEMNICA BOLESNA ... 93
Jezus niesie krzyż na Golgotę

PIĄTA TAJEMNICA BOLESNA ... 101
Pan Jezus umiera na krzyżu

Tajemnice chwalebne

107

PIERWSZA TAJEMNICA CHWALEBNA ... 109
Zmartwychwstanie Pana Jezusa

DRUGA TAJEMNICA CHWALEBNA ... 115
Wniebowstąpienie Pana Jezusa

TRZECIA TAJEMNICA CHWALEBNA ... 121
Zstąpienie Ducha Świętego na Apostołów
w Wieczerniku, w obecności Maryi

CZWARTA TAJEMNICA CHWALEBNA ... 127
Wniebowzięcie Najświętszej Maryi Panny

PIĄTA TAJEMNICA CHWALEBNA ... 135
Ukoronowanie Najświętszej Maryi
Panny na Królową nieba i ziemi

Tajemnice współczucia

PIERWSZA TAJEMNICA WSPÓŁCZUCIA ... 147
miłosierny Samarytanin

DRUGA TAJEMNICA WSPÓŁCZUCIA ... 153
wdowa z Naim i wskrzeszenie jej syna

TRZECIA TAJEMNICA WSPÓŁCZUCIA ... 159
Weronika ociera oblicze Jezusa

CZWARTA TAJEMNICA WSPÓŁCZUCIA ... 165
serce Pasterza

PIĄTA TAJEMNICA WSPÓŁCZUCIA ... 171
niewidomi z Jerycha

Tajemnice miłosierdzia

PIERWSZA TAJEMNICA MIŁOSIERDZIA ... 179
syn marnotrawny

DRUGA TAJEMNICA MIŁOSIERDZIA ... 183
Jezus i Samarytanka

TRZECIA TAJEMNICA MIŁOSIERDZIA ... 187
Jezus i kobieta cudzołożna

CZWARTA TAJEMNICA MIŁOSIERDZIA ... 195
Jezus i Dobry Łotr

PIĄTA TAJEMNICA MIŁOSIERDZIA ... 201
zaparcie się Piotra

Uzupełnienie ... 209
Co mówią nam święci? ... 213
Świadectwa ... 223

Kiedy Królowa różańca świętego przekracza nasze oczekiwania ... 223
Różaniec pani Siemieńskiej ... 225
Wspomnienia rodzinne... ... 228
Dla Boga nie ma nic niemożliwego! ... 229

Obietnice Najświętszej Maryi Panny dla odmawiających różaniec ... 237

Wstęp

Dlaczego w radiostacjach chrześcijańskich modlitwa różańcowa jest emisją najbardziej słuchaną?

Dlaczego na liście rankingowej sprzedaży CD różaniec jest bestsellerem?

Dlaczego wielki cudotwórca, ojciec Pio, miał zawsze różaniec w ręku?

Dlaczego różaniec matki Teresy z Kalkuty otwierał przed nią wszystkie drzwi?

Dlaczego Niewiasta, która miażdży głowę węża, tak bardzo zaleca różaniec?

Dlaczego różaniec był ulubioną modlitwą św. Jana Pawła II?

Dlaczego szatan drży, słysząc imię Maryi w różańcu?

Dlaczego różaniec jest modlitwą nowych czasów?

Co mnie skłoniło do napisania tej małej książeczki?

Posłużę się porównaniem: często spotykam osoby przeżywające trudności i wydaje się, że ich trudności zwiększają się każdego dnia. W rzeczywistości wszyscy przebywamy na polu walki i strzały lecące z każdej strony nie oszczędzają nikogo. Codziennie też widuję ludzi, którzy myślą, że mogą przechadzać się bez zbroi po tym polu walki i są oni zdziwieni, otrzymując czasem śmiertelne rany. Czyż nie wiedzą oni, że dysponują potężną bronią?

Napisałam tę książeczkę, aby wszyscy moi Czytelnicy wzięli tę broń. Pozwolę więc jej przemówić, będzie ona potrafiła przekonać ich lepiej niż ja!

„Jestem małą, ukrytą bronią z drewnianych paciorków i nitki, która je łączy. Kosztuję tylko 1 euro i dobrze mnie trzymać w kieszeni. Jednak jestem wielki dzięki moim dziełom. Jak małe ziarenko kadzidła może wydzielać wyborny zapach w każdym domu, tak samo ja wypełniam serce tego, kto się mną posługuje. Dlatego mam dzisiaj miliony przyjaciół na całym świecie. Moi przyjaciele są niezwykle różnorodni i każdy z nich jest ważny dla Matki Bożej!

Są tacy, którzy posługują się mną rzadko, i nad nimi czuwam, żeby mnie nie porzucili, nawet jeśli — mówią oni — „nie trzeba przesadzać z pobożnością". Następnie są tacy, którzy trochę myślą o mnie, ci bardzo mnie radują, ponieważ pozwalają mi udzielać im specjalnej opieki.

Wreszcie są moi wielbiciele, ci, za którymi przepadam! Są oni moimi bohaterami i przez nich wylewam tyle dobrodziejstw na świat! Tak bardzo mnie doceniają, że posuwają się aż do robienia mi reklamy! Dzięki nim powiększam moje zwycięstwa z każdym dniem więcej. Opieka, uwolnienia, uzdrowienia, oświecenia, uświęcenie, pojednanie i ileż cudów!

Ach, zapomniałem! Są tacy, którzy przyczepiają mnie do lusterka samochodu, ale nigdy mnie nie używają. Ci przyprawiają mnie o troskę, pozbawiają się mojej przychylności, szkoda! Ale przynajmniej ci, którzy widzą mnie tak zawieszonego na szybie, mogą sobie przypomnieć, że istnieję, i to już jest dobrze, byleby tylko zrozumieli któregoś dnia, że nie jestem po prostu dekoracją…

Wstęp

Ta, która mnie wymyśliła, ciężko pracuje w naszych czasach. Chwali często moją skuteczność w rozmowach z dziećmi i dzięki nim, zwłaszcza przez Medjugorie, mogłem wejść do wielu rodzin, aby przywrócić im jedność i nawet do niektórych klasztorów, które o mnie zapomniały. Nie przedstawia mnie tylko jako broń, określa mnie na tysiące różnych sposobów, tak że z Nią wyruszam na nieoczekiwane podboje. Oczywiście podboje te są dla Jej Niepokalanego Serca, ale — jak dobrze mi wytłumaczyła — oddaje Ona wszystko swojemu Synowi, Jezusowi! W rezultacie to Jemu służę przez Nią. Dzięki Jej oddanemu synowi, Janowi Pawłowi II, świat zrozumiał, że centrum różańca nie jest Ona, Maryja, ale Jezus, ponieważ każda tajemnica zanurza nas w jednym z ważnych wydarzeń Jego życia. To od Niego pochodzą moje zwycięstwa. To rzecz normalna, bo jest On Bogiem!

Tym, co najbardziej mnie u Niej zachwyca, jest Jej zwierzenie z Medjugoria: „Drogie dzieci, kiedy przebywałam na ziemi, nieustannie modliłam się na różańcu. Byłam wciąż wpatrzona w życie Jezusa, mojego Syna, a to właśnie jest różaniec!". W Fatimie nosi Ona nawet moje imię: Matka Boża Różańcowa. Brak mi słów na wyrażenie radości z tego, że stanowię część Jej życia i gdybym mógł podzielić się tą radością ze wszystkimi Jej dziećmi bez wyjątku!

Znam pewną siostrę, która — daleka od świętości — ale jednak jest cała po mojej stronie. Podzieliła się ze mną swoim pragnieniem napisania czegoś o mnie. Zbyt zadowolony, powiedziałem jej: do roboty! Była ona trochę zuchwała, bo nie zadowoliło jej skomentowanie dwudziestu klasycznych tajemnic różańca i chciała dodać do nich dziesięć — pięć o współczuciu i pięć o miłosierdziu. Spytałem, dlaczego, a ona odpowiedziała: dlaczego nie, Jan Paweł II dodał pięć tajemnic światła! Nie chciałem się jej sprzeciwiać…"

Tajemnice radosne

Jak wielkim jest szczęściem rozpoczęcie podróży z Maryją przez życie Jezusa! Modlitwa różańcowa bowiem zaprasza nas do prawdziwej podróży, w czasie której odkrywamy razem niezbadane pejzaże, tereny do tej pory nieoczekiwane dla oczu naszego serca. Poprzez różne tajemnice Maryja przedstawia nam swój album rodzinny, album najpiękniejszej z rodzin. Odkrywa przed nami drogi, które przebył Jej Syn, z najbardziej poruszającymi wydarzeniami. Wejdźmy w Jego bliskość, zatrzymajmy się na wielkich etapach pierwszych lat życia Jezusa, aby zrozumieć i wchłonąć z wielką siłą najmniejszą cząstkę tej Bożej radości! Nic nam nie umknie, bo nasze serce, zmęczone kłamliwymi radościami tego świata, gorąco pragnie źródła wody żywej, które pozwoli mu zakosztować prawdziwej radości.

O, Maryjo, nasze serce jest gotowe, weź nas za rękę, prowadź nas i pozwól nam odkrywać te radości!

PIERWSZA TAJEMNICA RADOSNA

Zwiastowanie

Pojedźmy razem do Izraela, do małego miasteczka Nazaret. Mieszka tu nieznana dziewczyna imieniem Miriam — inaczej mówiąc Maryja. Ja zaś jestem prawie trzyletnim dzieckiem. Otóż w wieku trzech lat dzieci są wielkimi mistykami. Z typową swobodą dziecka zakradam się do pokoju Maryi i co widzę? Cudowną, młodą dziewczynę w wieku około 14 lat. Przyznaję, że jestem zafascynowana, nieodparcie przyciągana przez piękno i łagodność, które z Niej emanują, biegnę do Niej i tulę się w Jej ramionach. Z moim szóstym zmysłem dziecka wszystko zrozumiałam. Dostrzegam otwartość Jej serca i wypływającą z niego czułość.

Znacie dzieci, one wychwytują wszystko! Natychmiast rozumieją, czy są dobrze przyjęte i upragnione, czy też jesteśmy nimi zmęczeni i wolimy, żeby zostawiły nas w spokoju. Tutaj, gdy tylko zobaczyła mnie na progu pokoju, poczułam że mój widok ją cieszy. Tak bardzo dobrze czuję się w Jej ramionach! Rozkoszuję się Jej pięknością i czułością, której nigdy przedtem nie doświadczyłam. Wtedy przytulam się do Niej jeszcze mocniej, biorę Ją za rękę i milknę. Nigdy nie czułam się tak dobrze. Nie ma potrzeby, by mówić, nie trzeba mówić, skąd przychodzę i kim jestem. Jestem po prostu dzieckiem!

Trzymając Ją za rękę, czuję pokój, który mieszka w Jej sercu, pokój, który wlewa się we mnie jak rzeka i napełnia mnie. Postanawiam nigdy nie wypuścić ręki tej Pani!

Mała Hiacynta z Fatimy była tak samo poruszona, gdy pierwszy raz ujrzała Matkę Bożą. Miała wtedy prawie sześć lat. Po objawieniu nie przestała powtarzać: „Och, jak piękna jest ta Pani! Jak piękna jest ta Pani!" To wszystko, co mogła powiedzieć i w ten sposób mówiła wszystko!

Ja także mogę powiedzieć to samo w pokoju Maryi: „Jak piękna jest ta Pani!". Pozostaję u Jej boku i cała przytulam się do Niej, czuję, że Jej pokój mnie karmi, mam jego witalną potrzebę!

To nie do wiary, przybywam punktualnie w chwili Zwiastowania! (POR. ŁK 1, 26–38). Anioł zaskakuje Ją swoim niespodziewanym przyjściem i zaczyna do Niej mówić. Zwiastuje Jej na pewno ważną nowinę! Ponieważ trzymam Ją za rękę, dobrze czuję, że cała Jej istota drży, poruszona silną emocją. Maryja właśnie dowiedziała się, że Bóg Ją wybrał, aby stała się Matką Mesjasza. Jak nie być tym głęboko wstrząśniętym! Spośród wszystkich niewiast to Ją Ojciec wybrał, aby stała się Matką Jego jednorodzonego Syna, oczekiwanego Mesjasza, Tego, który zbawi świat. Oto całe dzieje świata chwieją się w posadach! Czując Jej drżącą rękę, ja też zostaję napełniona przeobfitą radością i moje serce bije bardzo mocno!

Oczami serca wpatruję się w Dzieciątko Jezus, które zwija się w kłębuszek w łonie Maryi pod działaniem Ducha Świętego.

O, jakże to Boże Dziecię jest szczęśliwe! Czekało na tę chwilę od tak dawna! Czekało na nią niecierpliwie i wreszcie nastał ten dzień! Maryja wypowiada swoje TAK i oto Ono przyszło! Rozbija swój namiot między nami i raduje się w łonie swej Matki. Pierwszy etap jest przekroczony, będzie wreszcie mogło nas zbawić! Miłość Go spala!

Zwiastowanie

Odmawiając całym sercem tę dziesiątkę, pozwolę się ogarnąć i przeniknąć radości Jezusa, wchłonę radość samego Chrystusa, maleńkiego Jezusa. Trudno nam wyobrazić sobie doniosłość tej rzeczywistości. Bóg, który staje się człowiekiem! On, czysty Duch, przyjmuje naszą ludzką naturę. Z powodu nadmiaru miłości chce być jednym z nas, aby żyć w łonie naszej zranionej ludzkości. Nie może zgodzić się na to, byśmy byli sami, byśmy byli wygnańcami na ziemi.

Dostrzegam także radość Ojca i anioła Gabriela, kiedy słyszą oni owo TAK, tak bardzo oczekiwane od czasów buntu człowieka w ogrodzie Eden. Szczęśliwa, zamykam oczy. Będę przesuwać paciorki różańca i Maryja objawi mi swój najcenniejszy skarb, swojego Syna Jezusa! Teraz moje serce jest w pełni zjednoczone z sercem Maryi. W Jej ramionach pozwalam ubogacać się Jej czułością dla większej radości Boga. Otwieram moje serce tak, jak nigdy przedtem, aby pozwolić tym wszystkim skarbom wniknąć we mnie i dzielić się nimi.

Jedno *Ojcze nasz*, dziesięć *Zdrowaś Mario* i jedno *Chwała Ojcu* w każdej dziesiątce.

DRUGA TAJEMNICA RADOSNA

Nawiedzenie św. Elżbiety

Opuściliśmy właśnie Nazaret i kierujemy się teraz do małego miasteczka — Ain Karim, gdzie mieszkają Elżbieta i Zachariasz. Wciąż jestem tym trzyletnim dzieckiem, które trzyma za rękę Matkę Bożą i nie chce jej wypuścić za żadne skarby świata. Ten obraz przywodzi nam na myśl to, co Matka Teresa z Kalkuty — wtedy w wieku osiemdziesięciu lat — opowiadała przyjacielowi: „Kiedy miałam pięć czy sześć lat, pracowałam w polu razem z matką. Tego dnia wyszłyśmy z domu, aby udać się do bardziej oddalonej wioski. Z ufnością trzymałam matkę za rękę, wiedziałam bowiem, że dobrze zna drogę. Nagle zatrzymała się ona na ścieżce i powiedziała do mnie z powagą: „Córeczko, jesteś ufna, czujesz się pewnie, prawda? Wiesz, że znam drogę i że ze mną się nie zgubisz. Potem w twoim życiu, kiedy już mnie nie będzie, rób tak samo! Trzymaj zawsze za rękę twoją niebieską Mamę, Matkę Najświętszą, i nigdy jej nie wypuszczaj! To Ona będzie cię prowadzić do Jezusa, do nieba". I Matka Teresa dodała: „Zastosowałam się do rady mojej matki i dziś tego nie żałuję. Matka Boża zawsze mnie prowadziła i nigdy mnie nie opuściła!". Co się tyczy nas, kiedy zdarzy się nam wypuścić rękę Maryi w ciągu dnia, różaniec dostarczy nam doskonałej okazji, by wziąć Ją na nowo za rękę, uścisnąć i nigdy jej nie wypuszczać.

Podczas naszej wspólnej drogi widzę, że Maryja niesie w sobie tajemnicę, wielką tajemnicę: sam Bóg mieszka w Jej łonie. Jest Mamą dopiero od kilku dni. Spieszy się, ma czas tylko na to, by z Józefem znaleźć karawanę, żeby dojść do Ain Karim, wioski Elżbiety, po zwiastowaniu anioła. Potem wyrusza z pośpiechem i miłością.

Co odczuwała Maryja? Niektóre kobiety opowiadały mi o radykalnej zmianie, jaką odczuły w sobie po zajściu w ciążę. Jedna z moich przyjaciółek zwierzała mi się, że w czasie pierwszych miesięcy ciąży zmienił się jej stosunek do ciała. Zrobiła się o wiele bardziej opiekuńcza, bardzo zwracała uwagę na to, by nie robić niewłaściwych ruchów nawet w domu. Czuła, że jej ciało nie należy tylko do niej, ale także do małego, bezbronnego dziecka, które rozwijało się w niej. Maryja, cała czysta i niepokalana, jest jeszcze wrażliwsza na tę obecność.

Droga z Nazaretu do Ain Karim jest długa, Maryja musi przebyć prawie 180 kilometrów, a to oznacza pięć dni drogi. Podróżuję wraz z Nią, bardzo zadowolona z tej zaszczytnej przychylności. Staram się odgadnąć tę wielką tajemnicę, która żyje w Niej, podczas gdy idzie Ona drogą, cała skupiona na modlitwie, na swoim wnętrzu, jakby otoczona pokojem.

Gdy mama nosi dzieciątko w swoim łonie, jest to zawsze wielka tajemnica. Psychologowie wiedzą to i potwierdzają: od poczęcia, kiedy dziecko ulokuje się w łonie matki, nawet jeśli w tym momencie jego ciało jest mikroskopijne, to jego dusza jest już w pełni obecna. Dusza mikroskopijna nie istnieje. Dziecko posiada już w pełni świadomość miłości, nierozdzielną część jego duszy. Duch Święty potwierdza to też przez swych proroków. Ta świadomość miłości, niezwykle wrażliwa, nie zależy od wieku jego ciała. Ale kiedy dziecko wychodzi z ręki Stwórcy, jego dusza odbiera wszystko z wielką głębią i wrażliwością. Dziecko może już intensywnie cierpieć albo odczuwać wielką radość. Dzięki swej świadomości miłości wychwytuje już uczucia matki, wie, czy matka czuje się dobrze, czy źle, czy akceptuje życie, które w sobie nosi, czy też je odrzuca, czy dobrze przeżywa swoją kobiecość, czy też ma problem w tej dziedzinie. Dziecko jest czujnikiem bardzo efektywnego życia duchowego i uczuciowego. Natychmiast rozumie, czy w małym tabernakulum, w którym będzie żyć przez dziewięć miesięcy, panuje pokój czy niepokój, nienawiść czy miłość, gorycz czy słodycz, strach, lęk czy pogoda ducha. Dostrzega nawet, czy poprzednia ciąża była przeżywana w pokoju, czy też miała miejsce aborcja.

Z pewnością nie ma ono jeszcze mózgu, żeby myśleć, ale odczuwa to wszystko bardzo głęboko dzięki szóstemu zmysłowi swojej duszy i o wiele bardziej, niż można to sobie wyobrazić! Jest więc sprawą fundamentalną, żeby matka, odkąd ma świadomość, że jest w ciąży, chroniła duszę swojego dziecka. Wystarczy, że przyjmie je z miłością, że będzie do niego mówić, modlić się razem z nim, a przede wszystkim żeby traktowała je jak małą osobę, kruchą, ale bardzo realną, żeby dawała mu szczęście i miłość, których potrzebuje. Czyniąc w ten sposób, pomaga mu wzrastać zgodnie z harmonią, którą złożył w nim Bóg i sprzyja jego przyszłej równowadze.

Rozumiemy więc, jak ważną rzeczą jest to, by matka i ojciec dbali o ducha pokoju w rodzinie i o klimat radości i spokoju w czasie ciąży. Dzieciątko postrzega oczekiwanie i entuzjazm matki dla tego nowego życia, które rozwija się w ukryciu.

Teraz zróbmy przerwę, wciąż trzymając Maryję za rękę

wyobraźmy sobie pierwszy dialog Maryi z Jej Synem. Cóż za niewiarygodna wymiana miłości! Zaznamy jej dopiero w niebie. Czy możemy wyobrazić sobie dialog między Matką pełną miłości i Dzieckiem, które jest samą miłością? Cóż za tajemnica! Cóż za wielkość! Jakże niezwykła relacja zaczyna się w tej właśnie chwili! A ja, która idę u ich boku, jestem zanurzona w tej relacji, czuję, że w pełni mnie ona dotyczy, bo Maryja ma dla mnie przesłanie. Odczuwa Ona bowiem do mnie i do każdego z nas tę samą miłość macierzyńską, tę samą nieskończoną czułość, jaką żywi do Dzieciątka Jezus. Maryja, która nosiła Dziecię-Boga w swoim łonie, kocha wszystkie swoje dzieci z taką samą intensywnością, nie zaś mniej! „Dzieci — mówi — kocham każde z was tak samo, jak kocham mojego Syna Jezusa!" (do Jeleny Vasilij).

Wielki, maryjny święty — Bernard z Clairvaux — mówił: „Gdy jesteśmy na ziemi, jeszcze się nie urodziliśmy. Rodzimy się, gdy wchodzimy do nieba. Na ziemi Matka Boża nosi nas w swoim łonie".

Nasza podróż trwa i oto wreszcie przybywamy do Zachariasza. Słyszę, jak Maryja pozdrawia Elżbietę w tak wzruszający sposób! Elżbieta cała drży słysząc pozdrowienie Maryi, jej małej kuzynki. Przepływa przez nią strumień radości! Nie jest to czysto ludzka radość kogoś, kto widzi członka rodziny; chodzi tu o radość nadprzyrodzoną, radość, której później doświadczą Apostołowie w dniu Zesłania Ducha Świętego, radość, która wyzwala serce i pozwala mówić w imieniu Boga. W tej właśnie chwili Elżbieta staje się prorokiem. Św. Łukasz pisze:

„Gdy Elżbieta usłyszała pozdrowienie Maryi, poruszyło się dzieciątko w jej łonie, a Duch Święty napełnił Elżbietę. Wydała ona głośny okrzyk i powiedziała: «Błogosławionaś Ty między niewiastami i błogosławiony jest owoc Twojego łona. A skądże mi to, że Matka mojego Pana przychodzi do mnie? Oto bowiem, skoro głos Twego pozdrowienia zabrzmiał w moich uszach, poruszyło się z radości dzieciątko w moim łonie»" (Łk 1, 41–44).

Ale kto pierwszy odkrył przyjście Ducha Świętego przez Maryję? Elżbieta czy jej dziecko? Wiecie dobrze, to mały Jan. Ale jak dziecko mogło rozpoznać obecność Boga przed jego matką? W łonie bowiem Elżbiety nic nie widziało ani nic nie słyszało, a jednak wiedziało! Szósty zmysł jego świadomości miłości zaczął wibrować! Jakież to piękne potwierdzenie tego szóstego zmysłu, jaki mają maleńkie dzieci, aby przyjąć Ducha Świętego przed nami — dorosłymi! Jak bardzo musimy szanować tych maluczkich, umiłowanych przez Boga, do których królestwo Boże należy w pierwszej kolejności! Św. Elżbieta i jej syn są odtąd napełnieni Duchem Świętym. Matka Jana, ta która nosiła w swym łonie największego z proroków i Głos, który będzie wołał na pustyni, jako pierwsza wypowie drugą część modlitwy *Zdrowaś Mario*, którą my także odmawiamy. Oto jaka jest moc nawiedzenia Elżbiety przez Maryję, która nosi Jezusa w swoim łonie! Maryja zawsze przynosi nam Jezusa i wraz z Nim — radość nadprzyrodzoną!

W tej dziesiątce, którą chcę odmówić całym sercem, pozwolę się ogarnąć tej niezmierzonej, macierzyńskiej miłości, która mnie nawiedza. Co stanie się dla mnie? Możliwe, że zostałem zraniony w łonie mojej matki, bo byłem ósmym, a może nawet dziesiątym dzieckiem. Może moja matka była chora, kiedy mnie poczęła i narzekała, że to nie jest odpowiedni moment! Może mój ojciec ją bił albo opuścił, nie pozostawiając adresu, albo warunki finansowe, w jakich żyła moja matka, były katastrofalne. Krótko mówiąc, moje przyjście było nie w porę i może myślała ona o usunięciu ciąży. Nie chcę wyliczać tu wszystkich możliwych przypadków, ale zastanówmy się: jeśli matka nie rozumie tego wielkiego daru, jakim jest życie, jak to odbije się na dziecku? Będzie cierpiało z powodu odrzucenia przez matkę i dojdzie do wniosku, że jego życie jest niewiele warte. Wyczuje ryzyko bycia wygnanym z tego małego schronienia jak jakaś rzecz, która nie powinna tam się znaleźć. Wyczuje, że jego obecność jest niechciana i zada mu to głęboką ranę.

Pomyślmy o tym dzieciątku, może kochać tylko swoją matkę w tej fazie swego istnienia i jak bardzo jej potrzebuje! Może to ja jestem tym dzieckiem straumatyzowanym brakiem miłości albo odrzuceniem! Możliwe, że moja matka się bała i że jej lęk ogarnął także mnie. Schroniłem się wtedy w kąciku tego małego tabernakulum, nie pragnąc już oglądać dnia, woląc raczej umrzeć, unicestwić się. Jest rzeczą nieuniknioną, że ten wstrząs, którego nie ma świadomie w mojej pamięci, będzie miał skutki w dorosłym życiu. Na przykład niemożność nawiązania normalnej relacji z innymi, homoseksualizm albo silna obawa, że nigdy do niczego nie dojdę, niejedzenie albo obżarstwo, lęk przed przyszłością albo zaburzenia psychiczne, problemy w szkole, cała seria niepowodzeń, lęk przed małżeństwem albo nieporządek w sferze seksualnej, który bardzo zasmuca to pokolenie. Bóg bowiem jest miłością i życiem. W Nim te dwie cechy stapiają się w tę samą rzeczywistość. Otóż moja matka została wybrana, by współpracować w stwarzaniu mnie, jest współtwórczynią wraz z moim Stwórcą. Jeżeli daje mi ona życie, nie dając miłości, zadaje mi ona głęboką ranę.

Ale będę powierzać Maryi relację z moją ziemską matką. Mogę ofiarować Jej wszystko, co przeżyłem. W Jej rękach zaakceptuję wszystko i uściśnie mnie Ona, tak jak uczyniła to z Elżbietą i jej dzieckiem! Maryja będzie tak zadowolona, że może wypełnić moje braki, zrekompensować to, czego mi brakowało! Uzdrowi mnie z frustracji. Może Ona bowiem przynieść ulgę, złagodzić, uspokoić wszelki ból i doznaną przemoc. Oto moc nawiedzenia Maryi.

W Medjugoriu wyjawiła nam Ona swój sekret, aby dokonać naszego uzdrowienia wewnętrznego: „Drogie dzieci, ponieważ nosiłam mojego Syna, Jezusa, w swoim łonie, chcę także nieść każdego z was na waszej drodze do świętości". Albo: „Drogie dzieci kocham każde z was tak samo, jak mojego Syna, Jezusa" (do grupy modlitewnej Jeleny). To niewiarygodne! A więc nic nie jest dla mnie stracone, mogę jeszcze poznać tę matczyną miłość, której tak gorąco pragnąłem. Maryja daje mi całą swą matczyną czułość, taką samą, jaką daje swemu Synowi, Jezusowi, nie mniejszą! To ta czułość czysta i bez zamętu dogłębnie mnie uzdrowi. Specjalnością Matki Bożej jest wypełnianie pustki mojego serca, która przyprawia mnie o głębokie cierpienie, uzdrowienie mnie z frustracji, którą zaszczepił we mnie Zły ze swojego własnego dorobku, aby odebrać mi tę odrobinę pokoju, którą miałam. Zły bowiem jest „frustratem" *par excellence*, jak mawiała św. Teresa z Avila, i chce wszczepić w nas swój śmiertelny jad.

Może byłam ofiarą braku miłości i uwagi w dzieciństwie, ale może też brakowało mi miłości do moich własnych dzieci, może dokonałam aborcji albo pomogłam w tym jakiejś matce albo też poddałam się szantażowi ojca mojego dziecka, który nie chciał życia. Może zmusiłam moją córkę do dokonania aborcji, mówiąc: „Masz tylko czternaście lat". To zbyt wcześnie na dziecko i rodzina nie chce mieć problemów i nawet jeżeli młoda mama nie chciała zabić swojego dziecka, to presja rodziców zmusiła ją, by ustąpić. Oczywiście mówię też o ojcu.

Pozwolę się uzdrawiać z dnia na dzień i dostarczę w ten sposób wielkiej radości mojej niebieskiej Matce. Przyszła Ona do mnie w jedynym celu: aby dać mi swojego Syna, który gładzi grzech i zbawia, tak jak to uczyniła odwiedzając Elżbietę. Wraz z Maryją będę chwalić i wysławiać Pana, Najwyższego, bo dokonał cudów w moim życiu. Ja też jestem błogosławiona, ponieważ Jezus mnie zbawił i pozostanę z Nim na wieczność.

Podczas tej dziesiątki zamknę oczy i pozostanę maluczka. Pozwolę mojej niebieskiej Mamie dokonać cudu, odwiedzić najgłębsze zakątki mojego jestestwa. Sugerowałabym tu pomodlić się do Dzieciątka Jezus, jeszcze ukrytego w łonie Maryi.

Drogie Dzieciątko Jezus, zwinięte w kłębuszek w łonie Twej niepokalanej Matki, przychodzę, by Cię nawiedzić. Potrzebuję mówić do Ciebie. Chcę najpierw powiedzieć, jak bardzo zachwyca mnie to, że Osoba Boska przyjęła nasze ciało tak kruche i podatne na zranienie. Dokonałeś zawrotnego skoku z niebieskiego blasku, gdzie przebywałeś z Ojcem, aby poślubić nasze ludzkie plemię tak nędzne i podjąć wraz z nami wszelkie ryzyko... To zanurza mnie w adoracji! Jak Cię nie miłować, jak nie ubóstwiać, choć jesteś jeszcze zygotą, embrionem, zarodkiem, dzieckiem nienarodzonym, zanim jeszcze odkryję Twoje oblicze w ubogiej stajni betlejemskiej! Tak, kocham Cię, bo dokonałeś tego z czystej miłości do mnie, dla mojej rodziny, dla całej ludzkości. Przyszedłeś do naszego upodlenia, aby nas zbawić, podnieść ku sobie i ofiarować rozkosze życia wiecznego w Twojej obecności. Tylko Ty, Panie Jezu, mogłeś wyobrazić sobie takie szaleństwo! Ale nie przestajesz wprawiać nas w podziw!

Panie Jezu, Ty wiesz, że moja wizyta jest trochę interesowna, nie bądź tym zaskoczony! Dziś są miliony takich maleńkich istot jak Ty, które kryją się w łonie ich matek. To są Twoje

Nawiedzenie św. Elżbiety

skarby, Panie Jezu! Ich aniołowie wpatrują się przez cały czas w oblicze Twojego Ojca, który jest w niebie. Na całej ziemi nie da się znaleźć kogoś bardziej niewinnego od nich. Ty wiesz, Jezu, wszystkie one otrzymały dar życia, ale nie wszystkie otrzymały dar miłości. Niektóre są zanurzone w szczęściu, odczuwając miłość ich matek, ale inne zastanawiają się, co tu robią, bo czują się odrzucone.

Panie Jezu, Ty jesteś zarazem Życiem i Miłością. Proszę Cię, nawiedź je wszystkie! Nawiedź te maleństwa, które radują się, bo wiedzą, że są kochane, ale nawiedź też inne, które cierpią, bo otrzymały życie bez miłości. Jesteś tak maleńki, że Twoje przybycie ich nie przestraszy, wręcz przeciwnie! Odnajdź je tam, gdzie się znajdują — w tym kruchym tabernakulum ludzkiego życia, w którym powoli wzrastają. Jesteś tak samo mały jak one, bądź więc dla nich jak boski bliźniak! Dzięki niezwykle wrażliwemu szóstemu zmysłowi, który przyznaje im ich niewinność, wsłuchują się w duszę matki, a także w swojego Stwórcę. Wykorzystaj to, Jezu! Powiedz im, że są dla Ciebie nieskończenie cenne, jak bardzo rozpoznajesz w nich Twój własny obraz, jak niecierpliwie czekasz, aby wzrastały, aby stać się w pełni tym, czym są w Twoim planie miłości!

A jeżeli muszą być wyrwane w sposób naturalny czy z przemocą z tego małego schronienia, o dobry Jezu, usłysz ich pełen lęku krzyk i wlej w nie Twą przeogromną miłość! Uzdrów ich ranę! Niech im się stanie według słowa Twego, Panie Jezu: „Ojcze, chcę, aby tam, gdzie Ja jestem, one także były razem ze Mną!". Niech ten strumień miłości ogarnie także tych, którzy zdecydowali się na ich zgubę, aby rzucili się w Twoje miłosierne ramiona. O, maleńki Jezu, ukryty w Maryi, jak Ci dziękować za to, że nawiedziłeś mnie w łonie mojej matki, kiedy wraz z ojcem poświęcała mnie Twemu

Najświętszemu Sercu i Niepokalanemu Sercu Maryi! Spraw, by wszyscy rodzice czynili to samo, oddal od nich wilka, który chce kraść i pożerać dzieci ludzkie!

O, maleńki Jezu, ukryty w Maryi, wysłuchaj mojej ubogiej modlitwy dla pożytku Tobie podobnych! A w dniu Bożego Narodzenia przyjdź, by narodzić się w moim sercu, ono za Tobą tęskni, wyczekuje Cię w nocy, tak jak strażnik czekający na poranek! *Maranatha*!

TRZECIA TAJEMNICA RADOSNA

Narodzenie Jezusa w Betlejem

Jestem ciągle tym małym dzieckiem i nie opuściłam Maryi ani na krok. Oto teraz jestem w stajni betlejemskiej. Jest to niezwykle ubogie schronienie i byłabym bardzo smutna na widok tego miejsca zimnego i ciemnego, gdyby mojej uwagi nie przyciągnął niezwykły szczegół — Dzieciątko położone w żłobie dla zwierząt! Gdy jesteśmy mali i przez cały czas otoczeni przez olbrzymów, bardzo jesteśmy zadowoleni odkrywając kogoś mniejszego od nas. Przybliżam się i patrzę zachwycona na to nowo narodzone Dziecię w żłóbku. Nie może ono ani mówić, ani chodzić, w przeciwieństwie do mnie, która mam trzy lata. Patrzę na tę Rodzinę, która jest królestwem nieskończonej miłości. Naprawdę bardzo dobrze zrobiłam, podając rękę Maryi! Oto teraz ja w obecności nowo narodzonego, Jego Matki i ojca. Znalazłam swoją rodzinę! W tej stajni panuje tak ogromna miłość, że szatan nigdy nie mógł tam wejść, nigdy nie mógł przeniknąć do Najświętszej Rodziny, tak mocna była ich miłość. Przypatrzmy się członkom tej tak niezwykłej Rodziny: Józef, sprawiedliwy, pełen czułości, umierający z miłości do Maryi; Maryja, Niepokalane Poczęcie, bez żadnych śladów egoizmu, umierająca z miłości do Jezusa; Bóg-Dziecię, sama miłość, umierające z miłości do świata. Wyobraźmy sobie przez chwilę ogień miłości i czułości, który Ich łączy! W Medjugoriu Matka Boża zachęca nasze rodziny, aby upodabniały się do Rodziny z Betlejem i dodaje:

„Jacy byliśmy szczęśliwi, drogie dzieci, gdy narodził się mój Syn. Niech nasze rodziny będą tak samo szczęśliwe, jak My w stajni!" (Do grupy modlitewnej, 14 grudnia 1991 r.).

Odmawiając tę dziesiątkę, skieruję moją uwagę na Dzieciątko Jezus, na Jego świętą Matkę i na świętego Józefa i pozwolę się przemieniać tej potężnej miłości!

W tej samej chwili Matka Boża odgaduje moje pragnienie: widzi, że Dzieciątko nieodparcie przyciąga mnie jak magnes. Wtedy bierze je w ramiona, przytula je i ku mojemu jeszcze większemu zdumieniu co czyni? Składa Je w moich małych, wyciągniętych ramionach, daje mi swoje Dziecko! Przyjmuję do mojego serca nowo narodzone Dzieciątko Jezus i kontempluję Je. Maryja daje mi Je, a nie pożycza! Wydała Je na świat dla mnie, aby dać mi Je jako Zbawiciela, daje mi Je naprawdę. W Medjugoriu, w orędziu na Boże Narodzenie, Maryja mówi: „Drogie dzieci, dziś przyszłam z moim Synem, aby was pobłogosławił", a w innym orędziu: „Drogie dzieci, postawcie małego, nowo narodzonego Jezusa na pierwszym miejscu w waszym życiu, a On poprowadzi was drogą zbawienia" (25 GRUDNIA 1999 R.). Ofiaruje nam Jezusa, abyśmy postawili Go na pierwszym miejscu.

Odmawiając tę dziesiątkę, tajemnicę Bożego Narodzenia, przytulę Dzieciątko Jezus do mojego serca i wyjednam w ten sposób wielkie uzdrowienia. Jeśli jest prawdą, że stajemy się tym, co kontemplujemy, to kontemplując nowo narodzonego Jezusa, co otrzymam? Całą Jego niewinność! Przytulony do mojego serca będzie mógł przekazać mi swego ducha dziecięctwa. Tam, gdzie jestem nieczysta, skomplikowana albo za bardzo racjonalna, moje serce wypełni miłość, niewinność i piękno, bo to Ono, Dzieciątko Jezus, obdarzy mnie tym wszystkim.

Ale co chce nam powiedzieć Maryja, gdy zaprasza nas do postawienia Go na pierwszym miejscu?

Przede wszystkim powinnam Je chronić, tak jak czynią to ojciec i matka. Czy kiedy wracacie ze szpitala ze swoim nowo narodzonym dzieckiem, nie przewracacie do góry nogami wszystkiego w waszym domu i nie zmieniacie swoich starych przyzwyczajeń? Koniec z krzykami, z trzaskaniem drzwiami, ze zbyt ożywionymi dyskusjami. Łagodność, spokój... Czyż dziecko nie stało się centrum waszych myśli? Każda matka ma w sobie małą lampkę, która każe jej myśleć o tym, czego dziecko teraz potrzebuje. Czyż potrzeby tego tak małego i kruchego dziecka nie są teraz na pierwszym miejscu?

Oto, czego pragnie Matka Boża, byśmy uczynili z Jej Synem, Jezusem! Dobrze wie, że jeśli powierzy Go nam jako nowo narodzonego, będziemy musieli wziąć Go w ramiona, nosić Go wszędzie ze sobą i czuwać nad Nim, bo niemowlę nie może radzić sobie samo. Postawimy Go więc na pierwszym miejscu i podporządkujemy nasze życie Jego potrzebom. Maryja powierza mi Go, aby zamieszkał ze mną i aby moje życie stało się przemienione.

Proszę was, trzymajcie Dzieciątko Jezus w ramionach, trzymajcie je przez całe życie, a nie tylko w czasie odmawiania tej dziesiątki. Przytulajcie je do serca i pytajcie, czego mój mały Jezus teraz potrzebuje. Nowo narodzone dziecko potrzebuje przede wszystkim mleka, pieszczot, potrzebuje także słyszeć głos swej matki albo kogoś bliskiego. Jeżeli jest głodne, dam coś do jedzenia ubogiemu, ponieważ karmiąc go, karmię samego

Jezusa. Jeżeli jest spragnione miłości, będę starać się rozdawać miłość wokół siebie, bo „wszystko, co czynicie jednemu z tych najmniejszych, Mnie czynicie" (POR. Mt 25, 40) — mówi Jezus. Niemowlę potrzebuje słuchać głosu matki, aby poczuć się pewnie, aby poczuć przynależność do rodziny, do grupy, aby nie czuć się samotnym i opuszczonym. To głos matki je kształtuje, ten głos, który powtarza mu to samo, głos, który powoli je wychowuje i buduje. Co zrobić, by mógł usłyszeć mój głos? Przez modlitwę! Zacznę więc się modlić, bo modlić się oznacza kochać Dzieciątko Jezus, dawać Mu mleko, którego potrzebuje, czas, uśmiech, uścisk, o który prosi. Nowo narodzone dziecko potrzebuje też matczynego ciepła, które otrzymuje w jej spojrzeniu, potrzebuje dotyku, pieszczoty! Jak pieścić Dzieciątko Jezus? Idąc do ubogiego, który mnie potrzebuje, do biedaka, który może nawet nie ma siły wołać o pomoc.

Maryja mówi nam: „poprowadzi was Ono drogą zbawienia". To On, nowo narodzony jest naszym przewodnikiem! Jak bardzo pragniemy Go kochać! Jednak nie wystarczy powiedzieć: „Och, jaki jesteś uroczy! Jaki jesteś piękny! Jak bardzo Cię kocham!". Tak czynią nawet poganie. My zaś chcemy kochać Go w prawdzie, nadprzyrodzoną miłością, miłością, za którą tęskni. W Ewangelii Jezus podaje nam definicję tego, kto miłuje: „Kto ma przykazania moje i je zachowuje, ten Mnie miłuje" (J 14, 21).

Ponieważ jest On naszym przewodnikiem, wystarczy się na to zgodzić, wybrać Go jako jedynego przewodnika. Na przykład jeżeli mamy dokonać jakiegoś wyboru albo podjąć jakąś decyzję, zamiast zasięgać rady u przyjaciół, chodzić do astrologów, wróżbitów i innych osób tego rodzaju, wejdźmy w nasze serce, gdzie mieszka Jezus i zapytajmy: „Dzieciątko Jezus, jaka jest Twoja wola w tej sytuacji? Co o tym myślisz? Jaki jest Twój plan?". Wierzcie mi, że na modlitwie wam odpowie!

Maryja nam powiedziała: „Drogie dzieci, zachęcam was w szczególny sposób do modlitwy, bo tylko dzięki modlitwie uda wam się zwyciężyć waszą wolę i odkryć wolę Bożą nawet w najdrobniejszych sprawach" (25 MARCA 1998 R.).

Prorok Izajasz powiedział: „Mały chłopiec ich poprowadzi" (POR. Iz 11, 6). W dzisiejszych czasach trudno jest znaleźć dobrych mistrzów duchowych, a więc dlaczego nie uczynić Dzieciątka Jezus naszym przewodnikiem? O to prosi nas Matka Boża w Medjugoriu. Nie mówię, że Jezus odpowie nam SMS-em albo na WhatsAppie, może nie usłyszymy Jego głosu, ale jakakolwiek by nie była nasza prośba, to jeżeli naprawdę chcemy wypełniać Jego wolę, On sam skieruje naszą duszę ku Jego woli i nasze myśli — w dobrym kierunku. Jego największym pragnieniem jest zabranie nas do nieba! Otwórzmy się na Jego Ducha dziecięctwa, na Jego miłość i niewinność, a wówczas pozwolimy się oświecić Jego obecności! Czy zauważyliście, że nawet najtwardsi mężczyźni rozczulają się i stają się łagodni, kiedy biorą w ramiona nowo narodzone dziecko?

W tej dziesiątce chcę Go rozradować, powtarzając te słowa:

Dzieciątko Jezus, odtąd Ty będziesz moim przewodnikiem! Kiedy będę musiała dokonać jakiegoś wyboru, będę zasięgać rady tylko u Ciebie! Od dzisiaj zobowiązuję się iść za Tobą, kroczyć Twoimi śladami, poddawać się Twoim natchnieniom. Kocham Cię i już nigdy Cię nie opuszczę! Zawsze będę pozostawać w Twoich objęciach! Dzieciątko Jezus, potrzebuję Ciebie! Jesteś moją małą gwiazdą z Betlejem!

Modlitwa do nowo narodzonego Dzieciątka Jezus:

Dzieciątko Jezus, kocham Cię! Patrzę na Ciebie i widzę

Cię tak małym, tak niewinnym, tak kruchym, a jednak to Ty jesteś moim Panem i moim Bogiem! Wraz z Maryją, Józefem i pasterzami z Betlejem ja także przychodzę oddać Ci cześć! Niech moje serce stanie się Twoim żłóbkiem, przyjdź i zamieszkaj we mnie! Maleńki Jezu, Herod chciał Cię zabić, podczas gdy Ty przyszedłeś, aby nas zbawić. Zachowaj mnie przed grzechem i wszelkim działaniem, które mogłoby Cię obrazić w moim życiu. Napełnij moją duszę miłością i Bożym pokojem, do których tak bardzo dążę. Och, tak bardzo bym chciała wziąć Cię w ramiona tak jak Twoja Matka, Maryja, i obdarzyć Cię czułymi pocałunkami! Było Ci zimno w tym zimowym Betlejem, chcę więc, by rozgrzała Cię pieśń mojej duszy. Niech każde działanie ukrytej miłości przemieni się w źdźbło słomy, aby przyczynić się do pocieszenia Cię i rozgrzania. Chroń mnie przed szatanem, nie pozwól mu siać nienawiści i podziałów w mojej rodzinie. Odnów miłość między nami. Niech Twoja niewinność rozproszy zło! Błagam Cię o to, Dzieciątko Jezus, opatruj rany mojego serca i uzdrów moje choroby! Mały, boski Pasterzu, niech zawsze towarzyszy nam Twoje błogosławieństwo! Prowadź nas drogą zbawienia!

CZWARTA TAJEMNICA RADOSNA

Ofiarowanie Pana Jezusa w Świątyni

Czy zauważyliście, że przy każdej dziesiątce otrzymujemy od Boga cudowne dary? Tak, każda dziesiątka przynosi nowe łaski i Bóg daje nam je z radością! Jaki więc będzie dar, który Bóg złączył z tą dziesiątką? Zanim go odkryjemy, chcę wam to powtórzyć jeszcze raz: gdy wyjmujemy różaniec z kieszeni, uściśnijmy go na chwilę i pomyślmy, że nie jest to zwykły przedmiot, ale że trzymając go, trzymamy naprawdę za rękę Maryję. Weźmy więc Ją za rękę i czuwajmy, by nigdy jej nie wypuścić. Biorąc do ręki różaniec, możemy uczepić się Maryi!

Kontynuujemy naszą drogę z Najświętszą Rodziną i z Betlejem wyruszamy do Jerozolimy. Oto stoimy przed Świątynią. Jakiż majestat! Obserwuję Matkę Bożą, która zbliża się do Józefa, aby położyć Dzieciątko na ołtarzu. Ogarniam wzrokiem całą scenę i co widzę? Maryja ofiaruje swojego Syna Bogu Ojcu. Otrzymała dar tego Dziecięcia, gdy była bardzo młoda, i mogła powiedzieć: „To mój Syn, to Dar, który Bóg mi uczynił!". Tymczasem tak jak Abraham położył Izaaka na ołtarzu (to Dziecię także było wielkim darem Bożym), Maryja kładzie swoje Dziecko na ołtarzu. Ale tutaj żaden anioł nie przyjdzie, by przeszkodzić w ofierze Niewinnego. Tutaj ofiara

Syna Bożego i Maryi do końca się wypełni. Ofiara Abrahama i Izaaka była tylko obrazem ofiary Jezusa! Maryja o tym wie…

W tym prostym geście, jakim jest położenie Dziecięcia na ołtarzu, Maryja ujawnia swą prawdziwą miłość do Jezusa. Kocha swoje Dziecko miłością nadprzyrodzoną i dlatego cała odda się Mu w służbie, aby mógł On do końca wypełnić swą misję Odkupiciela świata. Poświęci się Mu z miłości. Jezus, Dziecię, które przynosi do Świątyni, jest powołane do stania się Odkupicielem świata i już Nim jest!

A ja jestem zachwycona prostodusznością i powagą Maryi. Patrzy Ona na mnie, potem zachęca, bym się przybliżyła, stoję teraz obok ołtarza i całym sercem przyjmuję Jej nauczanie. Jej uroczysty gest uczy mnie, co to znaczy kochać kogoś miłością nadprzyrodzoną. Ta chwila jest dla mnie decydująca. W Medjugoriu Maryja mówi: „Drogie dzieci, niech miłość góruje w każdym z was! Nie miłość ludzka, ale miłość nadprzyrodzona" (20 LISTOPADA 1986 R.). Miłość nadprzyrodzona jest ofiarna, zakłada dar z siebie, szuka szczęścia drugiej osoby, największego szczęścia, do jakiego jest przeznaczona!

Maryja nie będzie zachowywać swojego Syna dla samej siebie, tak jak czyni to wiele matek. Ofiarowanie Syna Ojcu dowodzi, że Maryja cała służy planowi Boga wobec Tego, którego kocha. Oto, czym jest miłość nadprzyrodzona! Jest Ona gotowa, pójdzie tą drogą do końca, za wszelką cenę. Maryja, Stolica mądrości, zna pisma, znane są Jej boleści cierpiącego Sługi, opisane w Księdze Izajasza. Bóg, w swej niezmierzonej dobroci, pragnie, by każda z naszych ofiar była czyniona w zupełnej wolności. Dlatego posyła Symeona i Annę, aby Jej powiedzieli, że to Dziecię będzie pełniło wielkie dzieła, wielką misję, w której będzie Je Ona wspierała i towarzyszyła, wiedząc, że nie otrzyma On zaszczytów ani nagrody, ale okrutne cierpienia, „a Twoją duszę miecz przeniknie" (Łk 2, 35). Maryja w pełni świadomie ofiaruje swojego Syna i ofiaruje także siebie samą. Kochać w sposób nadprzyrodzony to także oddać własne życie. „Nikt nie ma większej miłości od tej, gdy ktoś życie swoje oddaje za przyjaciół swoich" — mówi Jezus (J 15, 13). Maryja daje nam tu piękny przykład.

Nasza miłość często jest zwrócona ku drugiej osobie, zwłaszcza ku dziecku, mężowi, żonie, narzeczonemu albo innym. Jest ktoś, kogo kocham bardziej od innych. Teraz wyszepczę jego imię Matce Bożej i obok Maryi i Józefa złożę tę osobę na ołtarzu, obok Dzieciątka Jezus. Poproszę Maryję o łaskę kochania tej osoby w sposób nadprzyrodzony, a nie tylko ludzki! Dobrze wiemy, co oznacza być przyciąganym przez kogoś. Poganie też odczuwają przyciąganie do siebie podobnych. Przypominam sobie fragment z Ewangelii, który rzadko słyszymy w Kościele: „Każda roślina, której nie sadził Ojciec mój niebieski, będzie wyrwana" (Mt 15, 13). Co powiedzieć? Po prostu, że wszystko, co pochodzi od ciała, od naszych ziemskich uwarunkowań, nawet to, co najlepsze, nie wejdzie do królestwa niebieskiego, chyba że zostanie przemienione i przebóstwione przez łaskę Bożą.

Z pewnością natura jest stworzona przez Boga i nie trzeba nią pogardzać. Nie trzeba ustanawiać praw przeciwko naturze, przeciwko stworzeniu. Stworzenie jest wspaniałe, ale jednak musi być przemienione. Maryja miała już tę miłość nadprzyrodzoną w chwili zwiastowania. Nam potrzeba pewnego czasu, aby nauczyć się kochać tak, jak kocha Bóg. Kocham w sposób ludzki, gdy jestem przyciągana przez kogoś, gdy dobrze się czuję w jego towarzystwie, gdy ta osoba mi coś daje. Ten rodzaj miłości jest zbyt naturalny, a nawet cielesny. Centrum tego uczucia jestem ja. Takie uczucie z pewnością nie jest grzechem, ale nie wejdzie ono do królestwa niebieskiego! Natomiast gdy staram się przede wszystkim o szczęście osoby, którą kocham, gdy pragnę dla niej świętości i robię wszystko, co możliwe, aby zrealizowała ona Boży plan w swoim życiu, wtedy moja miłość jest nadprzyrodzona! Centrum tej miłości jest druga osoba.

Jeżeli osobą, którą najbardziej kocham, jest moje dziecko, będę mu pomagała stać się świętym, współpracując z Maryją. Taki jest Boży plan wobec niego i do mnie należy współpraca z nim, ponieważ Bóg w swej wielkiej dobroci obdarza mnie zaufaniem. Albo przypuśćmy, że jestem kobietą zamężną, zbyt zakochaną w swoim mężu, powinnam zrobić wszystko, co możliwe, aby został on świętym, poświęcając się, aby osiągnąć ten cel podczas całego pożycia małżeńskiego. Tak samo jest między narzeczonymi. Młody człowiek powie: „O, jaka ona jest piękna, to idealna kobieta, na którą czekałem, będziemy mieli dzieci, kupimy piękny dom, będę miał dobrą sytuację, aby mojej rodzinie niczego nie brakowało". Takie rozważania są dobre, ale ludzkie! Z pomocą Maryi nauczę się mówić raczej: „Panie, posługuj się mną, żeby moja żona została świętą i żebyśmy razem tworzyli świętą rodzinę". Taka jest jedyna miłość, która trwa na zawsze. Ile czasu trwają dzisiaj miłości czysto ludzkie? Można by powiedzieć, że mają one termin ważności, bo trwają coraz krócej!

Powróćmy do słów Maryi: „Drogie dzieci, zacznijcie od miłości do członków waszej rodziny, a wtedy będziecie mogły zaakceptować i pokochać wszystkich, którzy tu przybywają" (13 GRUDNIA 1984 R.). Módlmy się teraz, aby w tej dziesiątce miłość nadprzyrodzona, to znaczy Duch Święty, ogarnęła nasze serca i przemieniła je.

PIĄTA TAJEMNICA RADOSNA

Odnalezienie Pana Jezusa w Świątyni

odejmijmy naszą podróż, ale tym razem nie pójdziemy zbyt daleko, bo znajdziemy się na nowo w Świątyni jerozolimskiej. Jezus ma dwanaście lat, kiedy Rodzice odnajdują Go po trzech dniach lęku (POR. ŁK 2, 41–52). Ja ze swej strony nie wypuściłam ręki Maryi i mogłam odczuwać Jej lęk. Maryja nie tylko zgubiła swego jedynego Syna, co pogrążyłoby każdą matkę w głębokim niepokoju, ale zgubiła Ona także swojego Boga! Trudno wyobrazić sobie lęk Matki Najświętszej w tych okolicznościach! Trzy dni i trzy noce poszukiwań na próżno. Ile przebytych kilometrów na dokładnym przyglądaniu się wszystkim miejscom na trasie i jest On nie do odnalezienia! Te słowa z Pieśni nad pieśniami wydają się być napisane dla tej szczególnej chwili:

„Otworzyłam ukochanemu memu, lecz ukochany mój już odszedł, oddalił się; życie ze mnie uszło z jego powodu. Szukałam go, lecz nie znalazłam, wołałam go, lecz mi nie odpowiedział" (PNP 5, 6).

Potem Józef i Maryja wracają do Świątyni i cóż widzą między dwoma brodatymi rabinami? Małą główkę blond z kręconymi włosami Ich ukochanego Jezusa! Żyje, jest! Maryja czuje, jak Jej Serce eksploduje ze szczęścia. To szczęście podobne do tego, które odczuwała w Betlejem! Wydawało Jej się, że na nowo rodzi swojego Syna, ale w sposób zupełnie inny. Teraz żaden anioł nie wyśpiewuje chwały Bożej, nie ma pasterzy, ani mędrców prowadzonych przez gwiazdę, nie ma cudów. Są Józef i Maryja, którzy znają tożsamość tego młodego Chłopca. Są sami pomiędzy ciekawskimi, którzy ich obserwują i wydają się osądzać, że zgubili swojego Syna. Sami pośród murów świątyni i nie ma żadnego anioła, który by im wytłumaczył sens tych trzech dni spędzonych w lęku! Dziś Matka Boża, która nie zaznała bólu rodzenia, właśnie porodziła Mesjasza. Lęk i noc duchowa czystej duszy Maryi przyczyniły się do rozszerzenia Jej serca do zupełnie niezwykłych rozmiarów.

Kiedy cierpienie zasmuca nasze serce, co robi Bóg, nasz tak łagodny Ojciec? Jeżeli zgodzimy się na cierpienie i ofiarujemy je, rozszerza nasze serce, powiększa naszą zdolność do miłowania i pozwala nam przyjąć miłość nadprzyrodzoną. Pomyślcie o świętych, którzy już są w niebie, albo o tych, którzy dużo cierpieli w swoim życiu i którzy jaśnieją miłością! Nasza zdolność do miłowania wzrasta w cierpieniu! Dlatego ileż zyskujemy, błogosławiąc Pana za przeżyte cierpienia i jeśli jeszcze tego nie uczyniliśmy, ofiarujmy je teraz, aby nas uświęciły!

Podczas tych trzech dni i trzech nocy lęku Bóg przygotował Maryję do przyjęcia Jezusa w nowym świetle! Ale na czym polega ta nowość? Jezus mówi: „Czy nie wiedzieliście, że powinienem być w tym, co należy do mego Ojca?" (Łk 2, 49). Tym, co się zmieniło, jest jakość relacji między Jezusem i Ojcem. Jezus, przyciągnięty do Świątyni przez Ducha Świętego,

Odnalezienie Pana Jezusa w Świątyni

uwalnia się od ciepła i wsparcia, jakie dawali Mu Rodzice, i o wiele głębiej uświadamia sobie swoją misję Odkupiciela. W wieku dwunastu lat, dorosłym wieku w tamtej epoce w Izraelu, ludzka dusza Jezusa jest w pełni w zgodzie z Bożym planem. Jezus zostawia wszystko dla Ojca. Powie później: „Moim pokarmem jest wypełnić wolę Tego, który Mnie posłał i wykonać Jego dzieło" (J 4, 34). Teraz to się stało. Ale ileż to kosztowało! W swoim Sercu bowiem Jezus odczuwa ból, jaki zadał Rodzicom, których tak bardzo kocha.

Maryja ze swej strony rozumie, że ma przed sobą już innego Syna. Jest to nowy etap w Jej życiu. Musiała przejść przez to cierpienie, aby móc przyjąć to nowe oblicze Jezusa. W tej właśnie chwili Ojciec wyraźniej się objawia Im trojgu. Maryja zdaje sobie sprawę, że przez to oderwanie się Ojciec już Ją przygotowuje do uczynienia pełnego daru ze swojego Syna. Pozostaje Ona Jego Matką, ale odtąd to Ojciec panuje nad wszystkim i będzie prowadził swojego Syna i Ona wraz z Synem będzie poddana planowi Ojca. W wieku dwunastu lat autorytet Matki się zmniejsza, jest to godzina Ojca! A co myśli Józef, słysząc Jezusa mówiącego o tym, co należy do Ojca? Tak jak Maryja, przez tę pełną lęku próbę, on także jest przygotowywany do pewnego odsunięcia się, aby dostosować się do nowego oblicza swojego Syna i dzięki temu staje się jeszcze pokorniejszy.

Jak relacjonuje nam św. Łukasz: „Jezus był im poddany" (POR. ŁK 2, 51). Odtąd jest tak, jakby Maryja miała innego Syna. Wracając do Nazaretu, przytula Go do Serca i modli się pokornie. Dziś także, tak jak w Betlejem, wobec tej tajemnicy tylko trochę ujawnionej i jeszcze nie do końca zrozumiałej, zachowuje Ona wszystkie te sprawy w swoim Sercu!

W tej tajemnicy ja także, tak jak Maryja, przeżywam szok.

W moim życiu ja też czasem odczuwam pustkę, nieobecność, lęk związany z brakiem. W Medjugoriu Maryja mówi nam o tej pustce: „Drogie dzieci, jest w was pustka, nie zachowujcie tej pustki!". Posuwa się Ona aż do stwierdzenia: „Drogie dzieci, wasze serce jest twarde i puste". Czy jesteśmy teraz w takim stanie? Któż z nas nie doświadczył tej pustki, tej otchłani, która może jeszcze teraz przyprawia nas o cierpienie? Któż nie zaznał tej rany zadanej przez miłość, wewnętrznego paraliżu, który nie pozwala nam żyć w radości, chwalić i adorować Boga, mieć odwagę zakosztować pokoju?

Jaki prezent jest nam dany w tej tajemnicy odnalezienia Jezusa w świątyni? Trzeba było, by Maryja przeszła przez te trzy dni opuszczenia, aby pozwolić na nowo ogarnąć się obecności Jej Syna. Nie zgubiła Go w swoim Sercu, ale nie był On już z Nią, nie było Go fizycznie. A potem nagle znowu jest! Jezus przychodzi napełnić zaniepokojone Serce Matki, wstrząśnięte Jego zaginięciem.

I to na nowo się powtórzy! Kilkanaście lat później Maryja będzie prawie umierać z bólu, widząc śmierć swojego Syna, jednakże jej dusza będzie Go szukać... Jeszcze raz trzy dni ciemności i ogromnego lęku! Jest to podobne do generalnej powtórki przed trzydniową próbą, kiedy Jezus będzie leżał w grobie. Ale wtedy też Go odnajdzie. Objawi się On Jej świetlisty i zwycięski. W Medjugoriu Maryja mówi: „Drogie dzieci, zmartwychwstanie zawsze przychodzi..." Maryja tego doświadczyła!

Ja także w czasie tej dziesiątki, trzymając Maryję za rękę, pozwolę, aby popłynął we mnie strumień miłości Jezusa. Szeroko otworzę moje serce na Boga, aby w nim zamieszkał i wezmę Go do siebie, tak jak uczynili to Józef i Maryja. Powrócił z Nimi i był Im poddany. Będę powracać też wraz z

Nimi od dzisiaj, bez żadnego uczucia pustki czy braku. Jezus i Duch Święty będą we mnie obecni. Stanę się w ten sposób, jak Maryja, żywym tabernakulum.

Teraz zamknę oczy i pomyślę szczególnie o milionach braci i sióstr udręczonych pustką, znękanych przygnębiającą, czarną dziurą na dnie ich serca, której nie dają rady zapełnić. „Wielu młodych ludzi szuka szczęścia tam, gdzie się je traci" — mówi Maryja. A jednak ci młodzi zostali stworzeni z miłości i do miłości, jak zatem wykorzystują swą wielką zdolność do kochania? Są ogarnięci ułudą tego świata. Wielu z nich zapełnia wewnętrzną pustkę muzyką, która ogłusza i czyni duszę głuchą, narkotykami, alkoholem, szkodliwymi grami, nie mówiąc o zboczeniach seksualnych. Rodzice zaś nie wiedzą, co robią ich dzieci. Biedne dusze, które starają się rozwinąć wszystkimi sposobami, ale znajdują tylko coraz ciemniejszą otchłań wewnętrzną, bo tylko Bóg może je napełnić. Szatan zaś, zawsze gotowy, by wykorzystać tę pustkę, zaczyna swobodnie pełnić swoje dzieło. Ma on łatwe zadanie, bo zazwyczaj jego zdobyczą są dusze niechronione przez sakramenty. Pracuje on, zanieczyszcza, psuje, posługuje się szantażem i zniewala swoje ofiary, popychając je ku rozpaczy. Niektórzy nawet zawierają pakt z szatanem! Wielu woli po prostu umrzeć, aby — jak im się wydaje — wyzwolić się z tej pustki.

W tej dziesiątce będę myśleć o nich — tych młodych i tych starszych — i będę jak Maryja, ta niestrudzona Matka, która przemierza wiele kilometrów, aby odnaleźć swego zaginionego Syna. Ja także, przez modlitwę, będę prowadzić tych, którzy jeszcze nie znają miłości Bożej, ku pełnemu urzeczywistnieniu planu Ojca dla ich życia! Jest to jedna z najważniejszych intencji Serca Maryi. Od teraz nie będzie ani jednego dnia, w którym byśmy nie pocieszali naszej Matki, modląc się w tej intencji.

24 maja 1984 roku wyjawiła nam Ona swoje cierpienie: „Proszę was, nie pozwólcie mojemu Sercu płakać krwawymi łzami z powodu dusz, które zatracają się w grzechu". Zaś 2 grudnia 1996 roku, za pośrednictwem Mirjany, mówiła: „Drogie dzieci, moje matczyne serce płacze na widok tego, co robią moje dzieci. Grzechy się rozmnażają i czystość duszy ma coraz mniejsze znaczenie. Mój Syn jest zapomniany, coraz mniej czczony, a moje dzieci są prześladowane".

Dzieci te odczuwają wewnętrzną pustkę, bo nikt im nigdy nie mówił o miłości Bożej. Podczas tej dziesiątki pomyślę o młodych ludziach, którzy nie byli ewangelizowani, aby Bóg napełnił ich swoją miłością i aby już nikt na ziemi nie cierpiał z powodu pustki duchowej! Wszyscy zostaliśmy stworzeni dla pełni! „Gdy macie Boga, macie wszystko" — mówiła Maryja 25 lipca 1998 roku. Ci, którzy mają Boga, są szczęśliwi i zakosztowują już coś z niebiańskiego szczęścia. Widzący — Vicka i Jakov — mogą nam to opowiedzieć, ponieważ widzieli niebo.

Wychodząc ze Świątyni Jerozolimskiej wraz z Jezusem, biorę za rękę Maryję i — tak jak Ona — odczuwam tę falę nieopisanej radości, bo Bóg jest ze mną tak, jak nigdy przedtem, jest On we mnie!

Tajemnice światła

Kontynuujmy nasz różaniec, rozważajmy tajemnice światła. Wzięliśmy Maryję za rękę i idziemy w Jej obecności. Przesuwamy paciorki różańca wraz z Nią, która jest cała zwrócona ku Jezusowi! Przez modlitwę różańcową bowiem upamiętniamy tajemnice z życia Jezusa i Maryi.

Tak samo jak Maryja wracała pamięcią do życia Jej Syna, przybliżmy się my także do tych błogosławionych miejsc i do tych scen z sercem dziecka. Takie są dzieci: nic z tego, co dzieje się wokół nich nie wymyka się im!

Gdy modlimy się na różańcu, chronimy się pod matczynym płaszczem Maryi. Mówi nam Ona: „Drogie dzieci, chcę przytulić was do mojego Serca, przygarnąć". Okrywa nas Ona swoim matczynym płaszczem, aby ochronić nas przed wszelkimi atakami szatańskimi. Ale czym jest ten matczyny płaszcz? Na pewno nie chodzi tu o płaszcz, który nosi Ona, kiedy jest zimno. Nie! Jest to raczej odzienie Ducha Świętego, otrzymanego w dniu Zwiastowania, kiedy anioł powiedział do Niej: „Duch Święty zstąpi na Ciebie i moc Najwyższego okryje Cię cieniem!" (Łk 1, 35).

Gdy kryjemy się pod płaszczem Maryi, jesteśmy wraz z Nią osłonięci cieniem Ducha Świętego. Sam Bóg, oto płaszcz Maryi! Szatan nigdy nie mógł przedziurawić go swoimi zatrutymi strzałami.

Gdy modlimy się na różańcu, nie znajdujemy się sami pod Jej płaszczem, ale zabieramy ze sobą cały świat, wszystkich tych, których nosimy w naszych sercach i tych, których szczególnie powierzamy Matce Najświętszej: naszych bliskich, przyjaciół, tych, którzy przeżywają trudną próbę...

Jest ważne, by we wszystkich rodzinach była przynajmniej jedna osoba, która modli się na różańcu, aby cała rodzina mogła się znaleźć pod płaszczem Matki Najświętszej. To wielka siła. Maryja zawsze wspomni na rodzinę, która codziennie modliła się na różańcu. Na całe jej potomstwo spadnie obfity deszcz błogosławieństw, z pokolenia na pokolenie.

Przez różaniec wchodzimy do namiotu Maryi, spotykamy się z Nią w ciszy Jej pokoju. Jesteśmy bardzo blisko Niej. Pozostańmy tam z Nią!

PIERWSZA TAJEMNICA ŚWIATŁA

Chrzest Pana Jezusa w wodach Jordanu

Jesteśmy na Pustyni Judzkiej, nad brzegami Jordanu. Wielki tłum zgromadził się wokół proroka Jana, zwiastuna Jezusa, aby przyjąć chrzest na odpuszczenie grzechów, wszyscy wyznają swoje grzechy. Ale oto wśród nich pojawia się człowiek — to Jezus z Nazaretu! Zbliża się, aby poprosić o chrzest tak jak inni. Jan od razu Go poznaje. To jego krewny! Wie, że Jezus jest Barankiem Bożym, tym który gładzi grzech świata. A więc osłupiały mówi: „To ja potrzebuję chrztu od Ciebie, a Ty przychodzisz do mnie!" (Mt 3, 13).

Trzeba wiedzieć, że w Starym Testamencie „wody" były często symbolem mieszkania demonów i śmierci; miejscem ciemnym i głębokim, mieszkaniem zła. Zajrzyjmy do Psalmu 69: „Wybaw mnie Boże, bo woda mi sięga po szyję. Ugrzęzłem w mule topieli i nie mam nigdzie oparcia, trafiłem na wodną głębinę i nurt wody mnie porywa" (Ps 69, 2–3). Potęga wód to potęga zła, które może nas porwać na pewien czas, przeszkadzając nam żyć i widzieć światło. Gdy Jan chrzci, Jordan napełnia się wszystkimi grzechami tych, którzy przychodzą, aby je wyznać.

W tamtej epoce praktykowano chrzest przez zanurzenie na znak oczyszczenia. Gdy ludzie powracali na powierzchnię, tylko ich grzechy pozostawały w rzece. Jezus także zanurza się w wodzie, aby przyjąć chrzest od Jana. Ale to dziwne! Jest cały czysty, nie potrzebuje go! Dlaczego więc to czyni? Jezus zanurza się w wodach, aby je uświęcić, nawiedzi ze swoim bóstwem ciemne miejsca w człowieku. (Jeszcze dzisiaj nie trzeba święcić wody z Jordanu, którą przywozimy do siebie, jest już ona poświęcona przez zanurzenie się w niej Syna Bożego!)

Jezus zanurza się w wodach, ponieważ chce wziąć na siebie nasze grzechy, przyoblec się nimi jak płaszczem. Św. Paweł mówi: „On to dla nas uczynił grzechem Tego, który nie znał grzechu" (2 Kor 5, 21). Jezus uczynił się grzechem, aby zadość uczynić za nasze grzechy. Zanurzając się w wodach Jordanu, wziął na siebie nasz grzech. On, czysty, święty, niepokalany, wziął na siebie, w swoim ciele nasze grzechy nie popełniwszy nigdy żadnego z nich. W pewnym sensie przyoblekł się w nie, aby trzy lata później grzech mógł być przybity wraz z Nim do krzyża, a więc zwyciężony. W swym chrzcie Jezus dostrzega już swoją Mękę. Będzie odtąd przeżywał swoje życie publiczne w tym niewidzialnym odzieniu, zanim zostanie wywyższony nad ziemię, aby zniszczyć śmierć działającą na ziemi. „Albowiem zapłatą za grzech jest śmierć" — mówi św. Paweł (Rz 6, 23).

W chwili, gdy Jezus przyjmuje chrzest od Jana, rozpoczyna się Jego posługa Odkupiciela, utożsamia się On z naszym grzechem. „Tak godzi się nam wypełnić wszystko, co sprawiedliwe" (Mt 3, 15) — mówi Jezus. Ale co ma do tej sceny sprawiedliwość? Na pewno nie chodzi tu o sprawiedliwość ludzką, ale o sprawiedliwość Bożą, która jest miłosierdziem.

Krótko mówiąc, w planie Bożym było konieczne, by Syn uczynił siebie grzechem, aby przybić do krzyża nasz grzech i w ten sposób go zwyciężyć. Oto sprawiedliwość Ojca, cała utkana z Miłosierdzia! A Jezus w pełni przylgnął do planu Miłosierdzia Ojca.

W czasie tej dziesiątki pomyślę na nowo o moim chrzcie, dzięki któremu stałam się dzieckiem Bożym. Tego dnia Jezus wziął na siebie mój grzech, a ja przyoblekłam się w Jego boskie życie, życie wieczne, otrzymałam białą szatę odzyskanej czystości. Cóż za cudowna wymiana! Tylko sam Bóg mógł ją wymyśleć! Przez chrzest mogłam zanurzyć się w śmierci i zmartwychwstaniu Chrystusa, aby przyoblec się w Niego. Mój grzech jest pokonany, wrzucony do morza, skończony, zapomniany! W nadmiarze miłości Bóg zapomina o złu!

Teraz proponuję wam przeżycie na nowo łaski waszego chrztu i wspólnego powtórzenia tego cudownego dialogu, zwłaszcza jeśli zostaliśmy ochrzczeni jako dzieci. Wiedzcie o tym, że odnowienie przyrzeczeń chrztu świętego ma wielką moc! Potwierdziło to wielu egzorcystów. Jeżeli macie porachunki z szatanem, jeśli się do was klei, atakuje, osacza i stara się was uwieść, przeczytajcie na nowo sercem przyrzeczenia chrztu, a szatan od was odstąpi. Odmówienie tych przyrzeczeń jest najlepszym egzorcyzmem, jakim może posłużyć się osoba świecka.

Teraz odpowiedzcie na pytania zawarte w formule chrztu, aby na nowo żyć wolnością dzieci Bożych [*].

> Kościół zapewnia otrzymanie odpustów wiernemu, który odnawia przyrzeczenia chrztu niezależnie od formuły. „Odpust zupełny udzielany jest wiernemu, który w czasie Wigilii Paschalnej lub w rocznicę swojego chrztu odnawia przyrzeczenia chrztu według formuły zatwierdzonej przez Kościół. Odpust częściowy jest udzielany wiernemu, który odnawia przyrzeczenia chrztu używając

„A zatem pytam każdego z Was:

Czy wyrzekasz się grzechu, aby żyć w wolności dzieci Bożych?
W: Wyrzekam się.

K: Czy wyrzekasz się wszystkiego, co prowadzi do zła, aby cię grzech nie opanował?

W: Wyrzekam się.

K: Czy wyrzekasz się szatana, który jest głównym sprawcą grzechu?

W: Wyrzekam się.

K: Czy wierzysz w Boga Ojca wszechmogącego, Stworzyciela nieba i ziemi?

W: Wierzę.

K: Czy wierzysz w Jezusa Chrystusa, Syna Jego jedynego, Pana naszego, narodzonego z Maryi Dziewicy, umęczonego i pogrzebanego, który powstał z martwych i zasiada po prawicy Ojca?

W: Wierzę.

---

jakiejkolwiek formuły" (*Podręcznik o odpustach*, 1999). Warunkami do otrzymania odpustu są: spowiedź, Eucharystia i modlitwa w intencjach Ojca Świętego.

K: Czy wierzysz w Ducha Świętego, święty Kościół powszechny, obcowanie świętych, odpuszczenie grzechów, zmartwychwstanie ciała i życie wieczne?

W: Wierzę"

(Agenda Liturgiczna Diecezji Opolskiej, Wydawnictwo św. Krzyża, 1986, s. 311–312).

Gdy Jezus przyjmuje chrzest, daje się słyszeć głos Ojca: „Tyś jest mój Syn umiłowany, w Tobie mam upodobanie" (Łk 3, 22).

Pozwólcie, że zadam wam jedno pytanie: Czy wierzycie, że Ojciec kieruje to zdanie tylko do swojego Syna, czy także do nas? Co o tym myślicie? Oczywiście zwraca się On także do nas! Smutny jest widok pewnych osób, które czują się zbyt grzeszne, aby zwrócić się do Boga, zbyt niegodne, zbyt zranione. Wiele z nich nie kocha swego życia i nie wierzy, że Bóg je kocha. Nawet jeśli rozumieją to intelektualnie, to nie udaje im się przyjąć tej miłości do serca.

Otóż w tej dziesiątce próbujmy przyjąć uzdrowienie, jakie Ojciec nam ofiaruje, przyjmijmy je tak, jak nigdy przedtem!

Powtórzmy jeszcze raz te słowa: „Ten jest mój Syn umiłowany". Teraz wiem, że Bóg mówi o mnie, kiedy wypowiada te słowa: „Ten jest mój syn umiłowany, moja córka umiłowana, w której mam upodobanie" (por. Mt 3, 17).

Jest rzeczą charakterystyczną, że greckie słowo *fraguis* (rozdarcie) jest użyte tylko dwa razy w całej Biblii. Po raz pierwszy, aby powiedzieć: „Otworzyły się nad nim niebiosa" (Mt 3, 16), gdy Duch Święty zstąpił na Jezusa po chrzcie, a po raz drugi — gdy zasłona Świątyni rozdarła się od góry do dołu. W obu przypadkach chodzi o rozdarcie nadprzyrodzone, niewytłumaczalne, które odbija się echem w pismach proroka Izajasza: „Obyś rozdarł niebiosa i zstąpił!" (Iz 63, 19). W tym rozdarciu Bóg Objawia, że odtąd możemy wejść wprost do sanktuarium Jego Serca, do Świętego świętych, co dawniej było zakazane, i żyć Jego życiem. Nie zapominajmy, że zasłona Świątyni miała przynajmniej dziesięć centymetrów grubości i pomiędzy dwadzieścia pięć a trzydzieści metrów wysokości (według Józefa Flawiusza, historyka z tego okresu).

Teraz pozwolę tym słowom przeniknąć mnie całą. Będą one jak balsam, który rozlewa się na całym moim jestestwie. Pozwolę, by to słowo życia mnie leczyło i powoli uzdrawiało moją największą ranę, która od tak dawna mnie niepokoiła, to uczucie bycia zapomnianym, opuszczonym, samotnym, bez prawdziwego przyjaciela, bez poczucia bezpieczeństwa w sferze uczuć. Pozwolę wniknąć we mnie temu słowu mojego Ojca niebieskiego, mojego Stwórcy, który patrzy na mnie przez swojego Syna, Jezusa, Oblubieńca od dnia mojego chrztu.

„Ten jest mój Syn umiłowany, moja córka umiłowana, w którym mam upodobanie".

DRUGA TAJEMNICA ŚWIATŁA

Gody w Kanie Galilejskiej

Zawsze sprawia nam przyjemność zaproszenie na wesele. Jest to radość, którą można się zarazić! Niestety na tej uczcie weselnej zabrakło wina. Pomiędzy zaproszonymi jest Jezus ze swoimi uczniami, obecna jest także Jego Matka. Maryja jest Matką uważającą, która umie kochać i zaradzać potrzebom każdego — to prawdziwa Matka rodziny. Jako pierwsza dostrzegła problem, ale nie niepokoiła się, gdyż był tam Jezus, a Ona wiedziała, że zawsze znajdzie On rozwiązanie. Zbliża się więc do Niego i wypowiada to znane zdanie: „Nie mają już wina". Zdumiony Jezus odpowiada, stawiając pytanie, które było źle przetłumaczone: „Czego, chcesz ode Mnie, Niewiasto?" (J 2, 4). Trzeba użyć wyrażenia hebrajskiego, aby zrozumieć sens tego zdania. Wyrażenie hebrajskie jest bardzo proste: *ma li làh*, co oznacza dosłownie: „Co między Tobą a Mną?". W tej właśnie chwili Jezus wydaje się Jej mówić: „Czy zdajesz sobie sprawę z więzi, jaka jest między nami, między Tobą a Mną, z Twojej i mojej roli?". Słysząc słowo „wino", Jezus myśli także o słowie „krew", ponieważ wie, że trzy lata później, podczas Ostatniej Wieczerzy, przemieni wino w swoją Krew. Potem, na krzyżu, przemieni Krew w ogień Ducha Świętego, aby mógł On zstąpić na Jego uczniów. Otóż Jego Matka jest tam, aby pomóc Mu w Jego misji.

Gdy Jezus nazywa swoją Matkę „Niewiastą", czyni to nie po to, by Nią wzgardzić, lecz by przywołać rolę Ewy w chwili stworzenia, rolę szczególną, powierzoną niewieście, oblubienicy człowieka — być dla niego pomocą. Więcej nawet niż pomocą, gdyż hebrajskie słowo *azar* — „pomoc" jest bardzo bogate*. Jezus określa w ten sposób Maryję, nową Ewę, która pomaga nowemu Adamowi w dziele Odkupienia. Jezusa mimo to zdumiewa pytanie Maryi, gdyż czuje się prawie popychany do Męki przez swoją Matkę. Rzeczywiście, od tej pory Matka Najświętsza zaczyna pełnić rolę „Współodkupicielki", Tej, która będzie współpracować z Odkupicielem *par excellence*. To „Niewiasta" wstawia się i uczestniczy w dziele Odkupienia Jej Syna. Jezus wie, że wesele bez wina zawstydziłoby tę rodzinę. Ten brak wina symbolizuje brak radości. Są oni puści, jakby przygaszeni. Jezus w swoim Sercu bez wątpienia mówi: „Ja, który wziąłem na siebie ciężar ich grzechów, który jestem tutaj, aby zbawić świat, doprowadzając go do Ojca, muszę działać teraz! Cud nie wystarczy. Chcę zmienić ich śmiertelny smutek w radość, radość trwałą, moją własną radość. Oto dlaczego muszę zawisnąć na krzyżu... To nie przez uderzenie czarodziejskiej różdżki zbawię świat". Jezus przypatruje się już konieczności swej Męki. Zbawienie świata nie przyjdzie przez jakiś prosty cud.

Jeśli dzisiaj, będąc w stanie łaski, odczuwam radość w swoim sercu, to dzieje się tak wyłącznie dlatego, że Jezus przelał swoją Krew. Każdy Boży dar jest przesiąknięty Krwią

---

* Pan Bóg rzekł: „Uczynię mu zatem odpowiednią dla niego pomoc" (RDZ 2, 18).

Gody w Kanie Galilejskiej

Chrystusa. W Kanie Maryja przypomina swojemu Synowi perspektywę Jego Męki. W swojej świadomości Zbawiciela Jezus wyprzedza swoją godzinę i oświadcza: „Niewiasto, jeszcze nie nadeszła godzina moja". Słowo to ma nieskończoną wielkość. Maryja rozumie przesłanie, dokonuje tego, co sprowokowała w swoim Synu i nie nalega. Ufa, że Jej Syn współczuje tym nowożeńcom, którzy są w kłopocie i mówi do sług: „Zróbcie wszystko, cokolwiek wam powie!" (J 2, 5). Wie, że zostanie wysłuchana. Zna obietnice Jezusa dla tych, którzy modlą się z wiarą: „Dlatego powiadam wam: Wszystko, o co prosicie w modlitwie, stanie się wam, tylko wierzcie, że otrzymacie" (Mk 11, 24).

Powróćmy jednak do miejsca, w którym znajdują się Maryja, słudzy i Jezus. Wszyscy działają. Maryja wstawia się. Jezus odgrywa swą boską rolę, przemieniając wodę w wino. Ale o co zostali poproszeni słudzy, to znaczy — my wszyscy? Jezus mówi mi, bym „napełniła stągwie wodą". Ale jaki jest związek między brakiem wina a wodą ze stągwi? Napełnienie stągwi absolutnie nie gwarantuje, że wszyscy będą mogli napić się wina! Radość godów nie powróci dzięki wodzie. Jezus nakłania mnie do zrobienia bezsensownego gestu, gestu prawie głupiego. W dodatku zazwyczaj to kobiety nabierają wody ze studni, a nie mężczyźni! Ze strony Jezusa wszystko jest nie tak — tak się wydaje. Jednak Maryja wie i mówi mi: „Zrób wszystko, cokolwiek ci powie". Trzeba było więc napełnić sześć stągwi — po sto litrów każda — wyczerpująca praca, którą trzeba było wykonać w rekordowym czasie. Słudzy nie ograniczyli się do zrobienia rzeczy do połowy. Mogliby powiedzieć: „Dobrze, zrobimy Mu przyjemność, napełnimy jedną lub dwie stągwie". Nie, w pełni posłuchali polecenia Jezusa! Oto wielkość naszej więzi z Jezusem: potrzebuje On nas, by działać. W Kanie potrzebował wody jako podstawowego składnika, aby uczynić wino. Ale powróćmy do sług... Co zrobili? Usłuchali Jezusa, nie zrzędząc i nie rozumiejąc przyczyny Jego prośby.

Oto, co należy zapamiętać: Jezus potrzebuje naszej dobrej woli, aby mógł czynić cuda. Podstawą dla Niego jest nasz wysiłek, nasza dyspozycyjność, nasza dobra wola. Z pewnością gdyby miał jedną lub dwie stągwie z wodą do przemienienia, byłoby mniej wina. Otóż woda jest bez smaku i bez zapachu. Oto, co możemy dać Jezusowi: naszą nędzę, nasz brak zdolności, naszą słabość, naszą pustkę i naszą niemożność osiągnięcia prawdziwej radości. Bądźmy pewni, że gdy oddajemy Jezusowi naszą niezdolność i nasze słabości, zwłaszcza w sakramencie pojednania, dokonuje On tego samego cudu co w Kanie, zsyłając swoją łaskę na nasze ludzkie ograniczenia. Przemienia On naszą naturę, uzdalniając nas do tego, co przedtem było dla nas niemożliwe: kochać, przebaczać, skończyć z autodestrukcją czy z popełnianiem zła...

Popatrzcie wokół siebie: w iluż małżeństwach, gdy tylko minie entuzjazm i naturalne przyciąganie, powoli gaśnie radość, aż w końcu znika? Oznacza to, że zaczęliśmy od wody, naszej ograniczonej, ludzkiej kondycji, która sama z siebie nie może przetrwać, ani dokonać niczego nadprzyrodzonego.

Miłość ludzka ma datę ważności, tak jak świeże mleko! Oddajmy Jezusowi naszą ludzką naturę, oddajmy Mu nasz brak radości, nasze trudności w pożyciu małżeńskim, nasze istnienie, które tak jak woda — jest trochę bez smaku i bez zapachu.

Jezus nie będzie mógł działać, jeżeli nie oddam Mu pierwszego tworzywa do przerobienia. Bez naszej dobrej woli nie będzie On mógł interweniować w sposób nadprzyrodzony w naszym życiu. Przypominam sobie bardzo piękne zdanie ojca Slavko Barbaricia, franciszkanina, zafascynowanego planem Maryi wobec Medjugoria, który opisywał jako plan będący tajemnicą: „Jest wielki zamysł wobec Medjugoria, ale my go nie znamy. Co się tyczy mnie, wiem, że muszę zrobić to, co mogę, dzisiaj!". Tak, wiedział, że trzeba oddać Bogu tę odrobinę, którą mamy, a On dokona reszty!

W tej dziesiątce ofiarujmy Panu tę odrobinę, którą mamy, tę odrobinę, jaką jesteśmy, a On dokona cudu, przemieni naszą wodę w smakowite wino i uczyni nadprzyrodzoną naszą przygaszoną radość. Jezus zastąpi moją ubogą, ludzką radość przez swoją radość nadprzyrodzoną: „To wam powiedziałem, aby radość moja w was była i aby radość wasza była pełna" (J 15, 11). Korzystajmy z tego! Korzystajmy z tej tajemnicy godów w Kanie, prosząc Pana, by ożywił tę godową łaskę, która w nas mieszka. Niech małżonkowie położą obrączki na dłoni i poświęcą swoje małżeństwo Panu, oddając Mu wszystko, co jest przyćmione, aby Jezus wlał w to swoje wino, swoją nadprzyrodzoną radość. Niech ci, którzy nie żyją w małżeństwie, otworzą przed Nim swoje serce, bo każdy z nas jest stworzony dla godów. Cała nasza istota jest stworzona, by poślubić Chrystusa. Wiele osób cierpi w swych relacjach uczuciowych, ponieważ czują one, że największa radość na ziemi to ta, która pochodzi od wzajemnej miłości. Ta ukryta potrzeba w głębi nas samych jest znamieniem Boga! Tylko On może poślubić naprawdę nasze dusze i zadowolić je w pełni i na wieczność!

TRZECIA TAJEMNICA ŚWIATŁA

Głoszenie królestwa Bożego i wezwanie do nawrócenia

Tym razem będziemy długo szli za Jezusem, cały czas z Jego Matką, Maryją. Będziemy widzieli, jak czyni wiele znaków wśród ludu: będzie uzdrawiał chorych, wypędzał złe i nieczyste duchy... Będziemy widzieli, jak wychodzi z Niego niezwykła moc! Będziemy słyszeli, jak mówi do paralityka: „Człowieku, odpuszczone są ci twoje grzechy" (Łk 5, 20). Jezus naprawdę głosi królestwo Boże i powtarza: „Nawracajcie się!". To oznacza — wyrzeknijcie się niegodziwości, zostawcie swoje grzechy, porzućcie zło, które mieszka w waszym życiu i wybierzcie drogę światłości i świętości, a także uwierzcie w Ewangelię. Jakaż to dobra nowina także dla nas! W czasie tej dziesiątki postanówmy odpowiedzieć na zaproszenie Jezusa, który zwraca się do nas tak jak do sobie współczesnych.

Gdy Jezus posyłał swoich Apostołów, aby głosili słowo zamiast Niego albo nawet razem z Nim, nakazywał im zacząć od dwóch bardzo mocnych napomnień: „Nawracajcie się i pokutujcie!". Żal za grzechy prowadzi nas do nawrócenia. To skrucha predysponuje duszę do zmiany kierunku, jakim jest nawrócenie. W naszych czasach jest wielu takich, którzy obawiają się słowa nawrócenie, bo myślą od razu o wysiłku do zrobienia, o zaangażowaniu i o przeciwnościach, którym będą musieli stawić czoło. Boją się więc trochę i wahają, by zdecydować się na nawrócenie. Etymologia hebrajska tego słowa, która jeszcze jest używana w potocznym języku hebrajskim, to *teshuva*, co oznacza „powrót". Tak, ale powrót dokąd? Powrócić do domu, tam, gdzie są moje korzenie, do mojego Ojca!

Przyjrzyjmy się przypowieści o synu marnotrawnym: Najmłodszy syn zabrał część swojego majątku i pośpiesznie wyjechał daleko, bo chciał zrealizować swoje wielkie marzenie. Prawdę mówiąc, było to wielkie złudzenie. Myślał, że znajdzie piękne życie z dala od swego domu, że będzie bardziej niezależny i że sam zbije fortunę. Nie spodziewał się, że dozna porażki i że wróci z niczym! Gdy przybył do odległego kraju, powoli wszystko roztrwonił, został wykorzystany i wkrótce znalazł się na bruku, w coraz bardziej opłakanym stanie. Pasł świnie, co jest wstydliwe dla Żyda! Świnia nie jest koszerna. Nie mógł nawet zaspokoić swojego głodu! Ale to właśnie wtedy, w strapieniu, w głębi „dziury", zaczął myśleć o powrocie. Powrót, z pewnością powodowany głodem, ale jednak powrót. Myślał on: „Iluż to najemników mojego ojca ma pod dostatkiem chleba, a ja tu przymieram głodem!" (Łk 15, 17). Powrócił więc do domu. Był to początek jego nawrócenia! Będąc na dnie przepaści, zmienił kierunek i powrócił do kraju, w którym się urodził, tam gdzie była przeobfitość, miłość, harmonia serc, tam gdzie był upragniony, tam gdzie jest wszystko, by można było żyć szczęśliwie. Rozumiemy, że ten dom ojca symbolizuje dom naszego Ojca niebieskiego, raj.

Czasem gubimy się na drogach grzechu. Podczas tej

dziesiątki postanówmy zmienić kierunek, wrócić do Tego, który kocha nas bezwarunkową miłością! Do tego samego Ojca, którego Jezus przywołuje w przypowieści o synu marnotrawnym. Św. Teresa od Dzieciątka Jezus i od Najświętszego Oblicza daje nam piękny przykład, ponieważ miała ona swój własny sposób przeżywania powrotu. Mała Teresa z pewnością nie popełniła grzechu śmiertelnego, ale była grzesznicą, tak jak my wszyscy. W swej biografii opowiada, że pewnego dnia zdając sobie sprawę z tego, że zgrzeszyła, doświadczyła wielkiej radości! Czytając ten epizod, pomyślałam: „Coś jest z nią nie tak. Popełnia grzech i doświadcza radości? Jak to możliwe?". Kontynuując lekturę, zrozumiałam... Gdy tylko uświadomiła sobie, że zgrzeszyła, przypomniała sobie to słowo Jezusa: „W niebie większa będzie radość z jednego grzesznika, który się nawraca, niż z dziewięćdziesięciu dziewięciu sprawiedliwych, którzy nie potrzebują nawrócenia" (Łk 15, 7). „W tej właśnie chwili — kontynuuje św. Teresa — zdałam sobie sprawę, że ten grzesznik to ja! Natychmiast więc rzuciłam się w ramiona Jezusa! Czyniąc to, wywołałam wielką radość w niebie i sama uczestniczyłam w tej radości". To wspaniałe! Gdy tylko dostrzegła swój grzech, od razu rzuciła się w ramiona Jezusa, otrzymując w zamian tę samą radość, jaką odczuwa Bóg, gdy grzesznik powraca do Niego. Światło to jest dokładnie takie, jak w przypowieści o synu marnotrawnym.

A my? Ile czasu czekamy, by rzucić się w miłosierne ramiona Jezusa po grzechu? Ile czasu tarzamy się w błocie, wpatrując się w naszą nędzę, narzekając: „No właśnie, było to pewne, wiedziałem, że popełnię ten sam grzech! Nigdy sobie z tym nie poradzę, po co próbować, jestem do niczego!". Cóż za smutek! Pogrążamy się w zniechęceniu, a nawet w rozpaczy, nie wiedząc, że dostarczamy radości szatanowi! Nigdy nie trzeba wpatrywać się w swoją nędzę, to daje przystęp Złemu i niszczy pokój serca! Przeciwnie, trzeba wpatrywać się w Jezusa, niezwłocznie i z pokorą zwrócić się ku Jego miłosiernemu Sercu, przywrócić pokój i radość w duszy!

Powrót syna marnotrawnego jest spowodowany głodem, nie wypowiada on żadnego słowa uznania wobec swego ojca, jest głodny i wie, że w domu ojca znajdzie chleb. Natomiast jego ojciec, pełen miłości, nadal wychodzi na drogę, by codziennie obserwować horyzont, nie tracąc nadziei, że znów zobaczy swego syna. Pragnienie Ojca jest wzruszające, nie poddaje się, chce być razem ze swoim synem, chce go odnaleźć i zaświadczyć o swojej miłości. Czy przypominamy sobie wołanie Boga w ogrodzie Eden po upadku Adama: „Adamie, gdzie jesteś?" (por. Rdz 3, 8). Nie mógł On znieść jego nieobecności!

W dniu swojego powrotu, na ostatnim odcinku drogi, syn marnotrawny powtarzał wyznanie, które przygotował, gdy pasł świnie:

„Zabiorę się i pójdę do mego ojca, i powiem mu: Ojcze, zgrzeszyłem przeciw niebu i względem ciebie; już nie jestem godzien nazywać się twoim synem: uczyń mnie choćby jednym z twoich najemników" (Łk 15, 18–19).

Jednak ojciec przerywa mu! Nie pozwala mu dokończyć wyznania, przytula go do serca i wyraża swoją nieskończoną czułość! Zaraz rozkazuje sługom:

„Przynieście szybko najlepszą szatę i ubierzcie go; dajcie mu też pierścień na rękę i sandały na nogi! Przyprowadźcie utuczone cielę i zabijcie: będziemy ucztować i weselić się" (Łk 15, 22–23).

Dzięki naszej skrusze na nowo zajmujemy miejsce w sercu Jezusa. Bóg jest tak bardzo zadowolony z powrotu każdego swojego dziecka, że za każdym razem świętuje, nie skąpi swojej uczty! Oto dobra nowina Chrystusa, nie szukajmy jej gdzie indziej! Nasze grzechy zasmucają nas i unieszczęśliwiają, ponieważ „zapłatą za grzech jest śmierć" (Rz 6, 23). Źle czujemy się z grzechem. Nie wiedząc o tym, wstrzykujemy sobie mniej lub bardziej mocną dawkę „śmierci", która wywoła w nas ucisk, depresję, agresję, gniew, i jeżeli się nie wyspowiadamy, to nasz stan będzie się pogarszał! Grzech „gnuśnieje" w głębi naszego serca, pracuje i zżera nas od wewnątrz. Jeżeli chcę powrócić do Ojca, muszę prędko pójść do spowiedzi będąc pewnym, że gotów jest On mi przebaczyć, albo lepiej — że już przebaczył mi z góry!

Pozbądźmy się brudu grzechu, wrzucając go do gorącego ognia Serca Jezusa, gdzie wszystko się spala, wszystko znika. Uważajmy jednak na wspomnienia! Zły może się nimi posługiwać w sposób bardzo wyrafinowany, aby nas kusić. Jest on zawsze gotów podkreślać nasze grzechy, mówiąc: „przypomnij sobie, zrobiłeś to albo to, wpadłeś w pułapkę, spójrz sobie prosto w twarz, wciąż popełniasz ten sam grzech, nie wierzysz jednak, że możesz zostać świętym, będę się z ciebie śmiał!". W ten sposób zniechęca nas on, zamyka przed nami wyjście awaryjne, zarzuca nam niegodziwość, aby nas przygnębić i skupić na samych sobie. Co robi Mała Teresa? Kieruje spojrzenie na Jezusa i w jednej chwili przechodzi od negatywnych skutków grzechu do radości nieba. Ani na minutę nie uległa smutkowi, nie skupiła się na sobie, ale natychmiast utkwiła wzrok w swym Zbawicielu. Oto świętość! Święty nie jest kimś, kto nigdy nie grzeszy. To ktoś, kto nie patrzy na siebie, który nie waha się ani chwili, by schronić się w Sercu Jezusa i tam wrzucić dopiero co popełnione grzechy.

Takie jest zaproszenie Jezusa: Nawróćcie się, powróćcie!

Kiedy mówi do paralityka: „Dziecko, odpuszczone są twoje grzechy" (Mk 2, 5), chce powiedzieć: weź udział w święcie mojego Serca! Jezus przyszedł, aby rozpocząć to święto, tę ucztę Nowego Przymierza, na którą wszyscy jesteśmy zaproszeni. Jezus dał swoim Apostołom władzę odpuszczania grzechów. Jakąż radością jest spotkanie z kapłanem i usłyszane przez nas słowa w czasie spowiedzi: „Ja odpuszczam tobie grzechy w imię Ojca i Syna, i Ducha Świętego". W takiej chwili kapłan działa *in persona Christi*, to znaczy, że przez niego to sam Chrystus przebacza mi grzechy. Jest to łaska sakramentu: jest namacalny znak, głos, wypowiedziane rozgrzeszenie, o którym wiemy, że pochodzi od Jezusa.

Jezus powiedział do Apostołów: „Weźmijcie Ducha Świętego! Którym odpuścicie grzechy, są im odpuszczone, a którym zatrzymacie, są im zatrzymane" (J 20, 22–23). Dał On tę nadzwyczajną władzę swoim kapłanom.

Proponuję, abyście w tej dziesiątce poszukali w swojej pamięci ostatniego popełnionego grzechu, który nas zasmucił i abyście wrzucili go do gorejącego Serca Chrystusa! Potem przeżyjmy nasz powrót, mówiąc:

Panie, jestem smutny z powodu grzechu, którego nie powinienem popełnić. Ale nie chcę tego zła, wyrzekam się go, oddaję Ci je, abyś je zniszczył. Wpatruję się w Twoje Serce pełne miłosierdzia, tak jak Mała Teresa i biegnę do Ciebie, aby razem z Tobą świętować! Czuję uderzenia Twego Serca Pasterza, Odkupiciela, które przyjmuje mnie w niewysłowionej radości! Widzę Ojca, który na mnie czeka, powracam w radości królestwa i korzystam z niej. Zapominam o moich grzechach i całkowicie zanurzam się w atmosferze święta. Zakładasz mi pierścień na palec, sandały na nogi, tunikę i rozkazujesz sługom, by zabili utuczone cielę, bo będziemy razem ucztować. Z uwolnionym sercem biorę udział w święcie, w tańcach.

Teraz kontynuujmy nasze rozważania z dziesięcioma przykazaniami (POR. WJ 20, 1–17) i ze wspaniałym komentarzem Katechizmu Kościoła Katolickiego (NR 2084–2557).

1. Nie będziesz miał cudzych bogów obok Mnie.

2. Nie będziesz czynił żadnej rzeźby ani żadnego obrazu tego, co jest na niebie wysoko, ani tego, co jest na ziemi nisko, ani tego, co jest w wodach pod ziemią! Nie będziesz oddawał im pokłonu i nie będziesz im służył, bo Ja Pan, Bóg twój, jestem Bogiem zazdrosnym, który za nieprawość ojców karze synów do trzeciego i czwartego pokolenia, tych, którzy Mnie nienawidzą. Okazuję zaś łaskę aż do tysiącznego pokolenia tym, którzy Mnie miłują i przestrzegają moich przykazań.

3. Nie będziesz wzywał imienia Pana, Boga twego, w błahych rzeczach, bo nie pozwoli Pan, by pozostał bezkarny ten, kto wzywa Jego Imienia w błahych rzeczach.

4. Pamiętaj o dniu szabatu, aby go uświęcić. Sześć dni będziesz się trudził i wykonywał wszystkie swoje zajęcia. Dzień zaś siódmy jest szabatem Pana, Boga twego. Nie będziesz przeto w dniu tym wykonywał żadnej pracy ani ty sam, ani syn twój, ani twoja córka, ani twój niewolnik, ani twoja niewolnica, ani twoje bydło, ani przybysz, który przebywa w twoich bramach. Przypomnisz sobie, że byłeś niewolnikiem w Egipcie i że Pan twój Bóg nakazał ci przestrzegać dnia szabatu.

5. Czcij twego ojca i twoją matkę, abyś długo żył na ziemi, którą Pan, Bóg twój, ci daje.

6. Nie będziesz zabijał.

7. Nie będziesz cudzołożył.

8. Nie będziesz kradł.

9. Nie będziesz mówił przeciw bliźniemu twemu kłamstwa jako świadek.

10. Nie będziesz pożądał domu twojego bliźniego. Nie będziesz pożądał żony bliźniego twego, ani jego niewolnika, ani jego niewolnicy, ani jego wołu, ani jego osła, ani żadnej rzeczy, która należy do twego bliźniego.

CZWARTA TAJEMNICA ŚWIATŁA

Przemienienie na górze Tabor

ajemnica ta prowadzi nas na górę, na górę Tabor. Droga jest trudna, ale miejsce wspaniałe. Spojrzenie odkrywa całą Galileę, ziemię ludu, o którym powiedziano: „Galilea narodów!", „Lud, który siedział w ciemności, ujrzał światło wielkie" (Mt 4, 16 i Iz 9, 1). Jezus wchodzi z trzema spośród swoich uczniów — Piotrem, Jakubem i Janem — i zostaje przemieniony na ich oczach.

Tajemnica przemienienia jest tajemnicą światła *par excellence*. Jezus wyjawia w niej całe swoje bóstwo. Na co dzień było ono zakryte przed oczami uczniów. Jednak Jezus zapragnął rozerwać zasłonę swojego ciała i człowieczeństwa, aby mogli oni zobaczyć niewyraźnie nie tylko ciało Jezusa, uwielbione po Jego bliskiej, strasznej śmierci, ale także chwałę swoich nieśmiertelnych ciał. Liturgia ogłasza: „Niebo i ziemia są pełne chwały Twojej". Albo: „Tabor i Hermon wykrzykują radośnie na cześć Twojego imienia" (Ps 89, 13). Rzeczywiście, całe stworzenie przepełnione jest chwałą Bożą! Drzewa, wzgórza, równiny, góry, doliny, niebo, gwiazdy, planety, zwierzęta i wszystko, co zamieszkuje niebo i ziemię... Całe stworzenie jaśnieje chwałą Bożą i wzdycha, oczekując objawienia się synów Bożych. „Jest to światło niedające się opisać" — mówi widząca Vicka, która została zabrana do nieba przez Matkę Bożą w 1981 roku. „Brak mi słów, by opisać światło nieba, jest to światło, którego nie ma na ziemi!" My także możemy zostać przemienieni, pozwolić, by przeniknęło nas światło Boże. Jesteśmy świątyniami Boga żywego i mieszka w nas Trójca Przenajświętsza. Oto, dlaczego powinniśmy się skupić, to znaczy połączyć w jedno wszystkie nasze władze — inteligencję, uwagę, pamięć, zdolność do miłości i wrażliwość, aby kontemplować Tego, który w nas mieszka. Jest to duchowe doświadczenie św. Teresy z Avili po wejściu do komnaty duchowych zaślubin, jeżeli pozostajemy w obecności Trójcy Przenajświętszej, która w nas mieszka, będziemy żyć coraz bardziej w świetle i będziemy mogli nim promieniować.

Spośród tych, którzy mieli doświadczenie silnego zjednoczenia z Bogiem, niektórzy stali się znakami przemienienia dla innych, tak jak wielki rosyjski święty — Serafin z Sarowa w XIX wieku. Kiedy młody Motowiłow spytał go, kim jest Duch Święty, nie odpowiedział mu, ale został przemieniony na jego oczach i z jego twarzy emanowało zachwycające światło. Jego twarz była wyłącznie światłem. Tego młodego człowieka ogarnęła głęboka radość, odczuł wielki pokój, łagodne ciepło (pośród zaśnieżonych pustkowi Sarowa) i natychmiast zrozumiał, że objawił się mu Duch Święty. Św. Serafin przez lata pościł i modlił się. Od wstąpienia do klasztoru nie przestawał szukać bliskiego i głębokiego kontaktu z Chrystusem. W wieku sześćdziesięciu sześciu lat opuścił samotnię w Sarowie, gdzie żył jako pustelnik, aby powrócić do klasztoru, gdzie przyjmował i prowadził tłumy, które do niego przychodziły, każdemu bowiem udzielał nadzwyczajnych darów.

Im większe jest nasze zjednoczenie z Bogiem i im bardziej

jest ukryte w tabernakulum naszego serca, tym bardziej jesteśmy podobni do Niego i tym bardziej sami jesteśmy przemienieni. Czasem Pan ukazuje widzialne znaki przemienienia. Na przykład Pan dał taki znak siostrze Małej św. Teresy w chwili jej śmierci w karmelu w Lisieux. Pokazuje nam to fotografia: na swym łożu śmierci promieniowała. Na jej twarzy nie było żadnych śladów przeżytego cierpienia, cała była światłem. Także ojciec Pio był tak zjednoczony z Chrystusem, że czasem bliskie mu osoby widziały go przemienionego.

„Gdy się modlił, wygląd Jego twarzy się odmienił, a Jego odzienie stało się lśniąco białe. [...] A z obłoku odezwał się głos: «To jest Syn mój, Wybrany, Jego słuchajcie!»" (Łk 9, 29. 35).

Zróbmy bardzo prosty test. Kontemplujmy teraz to światło w naszym sercu i starajmy się zobaczyć Jezusa, tak jak tylko to jest możliwe, poza zasłoną naszego ciała.

Wpatrujmy się w niebo spojrzeniem wiary, w to nadprzyrodzone światło, i postarajmy się przyznać mu bezwzględne pierwszeństwo. Kładę na to nacisk, ponieważ dzisiaj jest zbyt wiele rozrywek, atrakcji, zajęć, które oddalają nas od tego, co liczy się naprawdę. W Medjugoriu Matka Boża mówi: „Dziateczki, nie zapominajcie, że celem waszego życia jest niebo. Wasze życie na ziemi jest tylko krótkim spacerem w porównaniu z wiecznością!" Nie zwlekając, weźmy niebo w posiadanie! Nie jest to jakaś nieokreślona obietnica, którą uczynił nam Pan, w rodzaju: „cierpcie na ziemi, a Ja zagwarantuję wam niebo". Uwaga, tu w ogóle o to nie chodzi. Jezus przygotował nam miejsce w niebie obok siebie. Miejsce to jest już gotowe, ale nie możemy go stracić! To zwyciężając śmierć, Pan nabył dla nas niebo.

Naszym chrześcijańskim zadaniem nie jest tylko kierowanie się ku niebu, ku naszemu ostatecznemu przeznaczeniu, ale przeżywanie nieba w naszym sercu już od teraz! Wszyscy święci, w tym także ci, którzy przeszli przez bardzo ciężkie próby, tak jak mistyczka francuska, Służebnica Boża Marta Robin — zawsze żyli w radości królestwa pośród niepowodzeń, fal i burz. Święci ci nie oddaliby swojego miejsca za nic na świecie, gdyż radość z ich miłosnego zjednoczenia z Chrystusem była nieopisana! Oto, co dzisiaj jest ważne i mające charakter proroctwa: uprzedzać radość nieba, przeżywając ten czas łaski, o którym mówi nam Matka Boża. Przemienienie jest rzeczywiście przedsionkiem raju.

Maryja pozostawiła nam jeszcze jedno piękne orędzie: „Drogie dzieci, jeżeli Mi się oddacie, nie będziecie nawet czuli przejścia między tym życiem, a życiem wiecznym. Będziecie mogły zacząć żyć życiem rajskim już tu, na ziemi" (do grupy modlitewnej — 8 kwietnia 1986 r.).

Jeśli chcemy mieć piękną śmierć, miejmy piękne życie! Jeżeli mówię wam: moim celem jest niebo, tam właśnie chcę pójść, to jest oczywiste, że nie mówię o czyśćcu. Trzeba z pewnością zrobić dobre, wewnętrzne porządki, ale wolą Bożą jest, byśmy byli święci i czyści, bo już zostaliśmy oczyszczeni! Czyściec jest dla tych, którzy nie zdążyli na przesiadkę i którzy nie potrafili wystarczająco kochać.

Tak samo jak istnieje kodeks drogowy, jest kodeks w naszej drodze do nieba. Przewiduje on, że miłość ma być w centrum naszego życia. Priorytetowa droga, którą mamy wybrać, to droga miłości. Matka Boża mówi: „Niech miłość góruje w was, drogie dzieci! Nie miłość ludzka, ale miłość nadprzyrodzona". Jeśli chcę pójść do nieba, muszę wybrać drogę miłości, daru z siebie, który posuwa się aż do ofiary.

Ponieważ znajdujemy się na górze Tabor, proponuję wam w tej dziesiątce, byście kontemplowali wspaniałość i chwałę Boga. Chwała ta jest niemożliwa do opisania. Chodzi tu o zjednoczenie miłości i światła. Kontemplując chwałę Chrystusa, weźmy na nowo kurs na niebo. Z pewnością, jeżeli przechodzę przez zawieruchy, burze i przeciwny wiatr, zbaczam z drogi i szybko tracę kierunek. Niebo nie jest już moim celem. Znajdę się wtedy na drodze, która bardzo mnie przyciąga i zapomnę, że moim prawdziwym kierunkiem jest niebo. Podczas tej dziesiątki dobrze nastawię swoją busolę i postawię sobie za cel niebo. Jeśli ktoś lub coś spowalnia moje działanie lub gorzej — hamuje mnie, niezwłocznie zabiorę się do dzieła, aby oddalić problem i — jak mówi św. Paweł — będę kontynuował bieg ku niebu.

Teraz zamykam oczy i kontempluję cudowne oblicze Jezusa przemienionego. Głos Ojca rozbrzmiewa w moim sercu: „To jest Syn mój, wybrany, Jego słuchajcie" (Łk 9, 35). Będę Go słuchać! I co mówi mi Jezus? Chodź ze Mną, pójdź za Mną. Czyż nie modliłem się za Ciebie przed moją Męką? „Ojcze, chcę, aby także ci, których Mi dałeś, byli ze Mną tam, gdzie Ja jestem" (J 17, 24). Jezus chce wziąć mnie ze sobą do nieba, przygotował mi miejsce przelewając swoją Krew. Będę więc szedł za Nim za wszelką cenę, pozwolę Mu w ten sposób żyć we mnie i uczynić z mojego serca małe tabernakulum!

PIĄTA TAJEMNICA ŚWIATŁA

Ustanowienie Eucharystii

Tak jak dzieci, udajmy się do wieczernika. Jest to pomieszczenie na piętrze, starannie przygotowane przez Piotra i Jana na prośbę Jezusa, aby obchodzić Paschę, inaczej mówiąc — by spożyć Ostatnią Wieczerzę. Zasiadamy do stołu wraz z Apostołami i czekamy na to, co ma się wydarzyć. Jesteśmy szczęśliwi, że bierzemy udział w tym tak uroczystym i głębokim wydarzeniu. Często myślę o świadectwie siostry Faustyny, która uczestniczyła w Ostatniej Wieczerzy i która opowiada w swym *Dzienniczku*:

„+ Godzina święta. Czwartek. W tej godzinie modlitwy Jezus pozwolił mi wejść do Wieczernika i byłam obecna, co się tam działo. Jednak najgłębiej przejęłam się chwilą, w której Jezus przed konsekracją wzniósł oczy w niebo i wszedł w tajemniczą rozmowę z Ojcem swoim. Ten moment w wieczności dopiero poznamy należycie. Oczy Jego były jak dwa płomienie, twarz rozpromieniona, biała jak śnieg, cała postać majestatyczna, Jego dusza stęskniona; w chwili konsekracji odpoczęła miłość nasycona — ofiara w całej pełni dokonana. Teraz tylko zewnętrzna ceremonia śmierci się wypełni, zewnętrzne zniszczenie — istota jest w Wieczerniku. Przez całe życie nie miałam tak głębokiego poznania tej tajemnicy, jako w tej godzinie adoracji. O, jak gorąco pragnę, aby świat cały poznał tę niezgłębioną tajemnicę".

Wyobraźmy sobie Wieczerzę Paschalną, siedząc z Jezusem przy stole. Patrzymy na Niego, jak bierze chleb i mówi: „Bierzcie i jedzcie z tego wszyscy, to jest Ciało moje za was wydane". A pod koniec posiłku widzimy, jak bierze kielich z winem i mówi: „Bierzcie i pijcie z niego wszyscy, to jest Krew moja nowego i wiecznego przymierza, która za was i za wielu będzie wylana na odpuszczenie grzechów". Jezus nie wybiera przez przypadek tego pokarmu, aby oddać się swoim Apostołom i pozostać w swym Kościele aż do końca czasów. Gdy jemy, pożywienie karmi nasze komórki, wchodzi w nasze ciało, przenika do wszystkich zakątków naszego organizmu i odnawia go. Pokarm w pewnym sensie przemienia się w nas. Natomiast w Eucharystii jest odwrotnie: Jezus staje się pokarmem, aby przeniknąć bardzo głęboko w nas i od wewnątrz przemienić nas w siebie. Jakże wielka jest ta tajemnica! To już nie my bierzemy pożywienie i przemieniamy go w nas, ale to Jezus, który stał się pokarmem przemienia nas w siebie. Wchodzi do najbardziej ukrytych zakątków naszego jestestwa, naszego serca, duszy i ducha, naszego ciała i psychiki, naszych uczuć i wrażliwości, aż do dotarcia do naszej podświadomości i najgłębszych cząstek naszego jestestwa. Czy jest coś piękniejszego dla nas, stworzeń Bożych? Bóg, który staje się pokarmem, aby przemienić nas w siebie! Jak dobrze jest spożywać Ciało Jezusa!

Błogosławiona s. M. Faustyna Kowalska, *Dzienniczek. Miłosierdzie Boże w duszy mojej*, nr 684, Wydawnictwo Księży Marianów, Warszawa 1999, s. 220.

Jest to nawet niezbędne! Jesteśmy słabi i grzeszni, tak często chorzy fizycznie czy duchowo, a Jezus przychodzi do nas z całą swoją życiodajną mocą.

Marta Robin tak mówiła z uśmiechem: „Dziękuję Ci, Panie Jezu, bo przyjmujesz nas takimi, jakimi jesteśmy i ofiarujesz Ojcu takimi, jakim Ty jesteś!".

Inną niezwykłą cechą Eucharystii jest to, że Jezus daje się nam cały, przynosząc wraz z sobą wszystkie dary, łaski i błogosławieństwa, których każdy potrzebuje. Przemienia nas od wewnątrz. Daje się na tyle, na ile nasze serce jest otwarte i serce musi być wolne, bo Jezus nigdy nikogo do niczego nie przymusza. Jezus gorąco pragnie oddać się nam. Święci nie czynili nic innego poza przyjmowaniem Go takim, jaki jest, we wszystkich wymiarach. Najczęściej przyjmujemy Jezusa tylko po części. Klepiemy z roztargnieniem modlitwę: „Panie, dziękuję, że przyszedłeś" i nie posuwamy się dalej. Zaczynamy myśleć o innych rzeczach i dialog jest przerwany aż do następnej niedzieli. Otóż, radością Jezusa jest — tak jak często objawiał to mistykom — ofiarowywanie się duszom i przekazywanie im swoich łask. Nie czeka, aż będziemy doskonali, aby nam się oddać; nie oddaje się nam dlatego, że jesteśmy dobrzy, ale raczej by pomóc nam stać się dobrymi i by przemienić nas w siebie. Dusza, która szeroko otwiera się na Jezusa, pozwala Mu zamieszkać w niej w całej pełni. Pozwala Jezusowi dogłębnie i natychmiast ją przemienić. Pewna anegdota siostry Faustyny rzuca tu światło:

„Dziś, kiedy przyjmowałam Komunię św., zauważyłam żywą Hostię w kielichu, którą mi kapłan podał. Kiedy przyszłam na miejsce, zapytałam Pana: Dlaczego jedna żywa? Przecież jesteś tak samo pod wszystkimi postaciami żywy. Odpowiedział mi Pan: «Tak jest, pod wszystkimi postaciami jestem ten sam, ale nie wszystkie dusze przyjmują mnie z tak żywą wiarą jak ty, córko moja, i dlatego nie mogę tak działać w duszach ich jak w duszy twojej»" (*Dzienniczek*, nr 1407, s. 379).

W Medjugoriu Matka Boża zawsze nam zalecała przeżywanie Mszy św. sercem: „Niech Msza św. będzie dla was życiem!" (25 kwietnia 1988 r.). „Drogie dzieci, gdybyście znały dary i łaski, jakie otrzymujecie podczas Mszy św., chodziłybyście na Mszę św. codziennie i przygotowywałybyście się do niej przez godzinę! Jezus jest tak bardzo pokorny! Jest tak łatwo Go uszczęśliwić, przyjmując Go do siebie! Gdy Jezus jest w nas z całą swoją Osobą, jest to najświętsza chwila w waszym życiu" — powiedziała Matka Boża do Vicki.

To właśnie w tej chwili Jezus udziela nam wszystkich łask uzdrowienia, uwolnienia, światła i pokoju. To właśnie w tej chwili owej głębokiej wymiany daje On nam swą doskonałą radość. Im większa jest bliskość, tym większy i głębszy jest dar. Jego świętość nas uświęca, Jego siła nas umacnia, Jego piękno nas upiększa, Jego czułość nas wzrusza, Jego radość nas uszczęśliwia, Jego życie nas ożywia. Daje On nam swój pokój, ten pokój, którego świat nam dać nie może. W tej chwili obecność Jezusa w nas jest tak konkretna, że gdybyśmy spotkali na ulicy po Mszy św. Jego Matkę, uklękłaby Ona przed nami, bo widziałaby w nas Jezusa.

Nie wszystkie dusze przyjmują Jezusa w ten sam sposób. Niektóre przyjmują Go dobrze, ale inne przystępują do Komunii, żyjąc w grzechach ciężkich. Myśląc o tych ostatnich, Jezus powiedział do św. Faustyny: „Idę do niektórych serc, jakoby na powtórną mękę" (*Dzienniczek*, nr 1598, s. 429). Przed przystąpieniem do Komunii ważne jest oczyszczenie naszej duszy przez szczerą modlitwę, rachunek sumienia i — jeśli to konieczne — dobrą spowiedź.

„Wyrzeknijcie się grzechu, który w was mieszka" — mówi Maryja. Może się zdarzyć, że będziemy myśleć, iż nie możemy przyjąć Jezusa, bo nie jesteśmy tego godni. Przypomnijmy sobie wtedy słowa Jezusa: „Nie potrzebują lekarza zdrowi, ale ci, którzy się źle mają" (Łk 5, 31). Jesteśmy więc na Jego liście! Jezus lubi działać, tak jak sam to powiedział: „Ojciec mój działa aż do tej chwili i Ja działam" (J 5, 17). Nawet jeśli otwieramy nasze serce przed Jezusem z całą dobrą wolą, prostotą i radością, Jezus znajduje w nim jeszcze choroby, słabości i złe myśli. Ale jakąż radością jest dla Niego to, że może działać! Pozwólmy działać Lekarzowi naszych dusz, naszemu Zbawicielowi. Ma On tak wielkie upodobanie w przemienianiu nas przez łaskę! Jakiegoż doświadcza smutku, gdy nasze dusze odrzucają Go, a On widzi, jak bardzo są chore i puste! Powróćmy do tego, co Jezus powierzył siostrze Faustynie:

„+ Ach, jak Mnie to boli, że dusze tak mało się łączą ze Mną w Komunii św. Czekam na dusze, a one są dla Mnie obojętne. Kocham je tak czule i szczerze, a one Mi nie dowierzają. Chcę je obsypać łaskami — one przyjąć ich nie chcą. Obchodzą się ze Mną, jak [z] czymś martwym, a przecież mam Serce pełne miłości i miłosierdzia. — Abyś poznała choć trochę Mój ból, wyobraź sobie najczulszą matkę, która bardzo kocha swe dzieci, jednak te dzieci gardzą miłością matki; rozważ jej ból, nikt jej nie pociesz" (*Dzienniczek*, nr 1447, s. 387).

Kiedy w czasie Komunii św. Jezus znajduje duszę zamkniętą na Niego, nie otwiera drzwi na siłę, ale jest zmuszony ją opuścić wraz ze wszystkimi darami i łaskami, które przygotował dla niej z tak wielką miłością. Jednak Jego Serce jest złamane i zbolałe! Wyobraźcie sobie, że przygotowujecie wspaniałe urodziny dla kogoś, kogo bardzo kochacie. Wszystko jest gotowe — kwiaty, prezenty, stół, ale ta osoba dzwoni, żeby powiedzieć, że nie przyjdzie. Wyobraźcie sobie wasz ból! Prezenty nie zostaną rozpakowane... Jak traktujemy Jezusa, który ofiaruje się nam w Eucharystii? Czy czujemy pustkę, brak miłości, czułości? Któż lepiej od Jezusa może nas napełnić? Któż będzie się radował, czyniąc to, jeśli nie On sam? Nie wyobrażamy sobie ogromnej radości, jakiej doświadcza, gdy szeroko otwieramy Mu nasze serce i pozwalamy Mu do niego wejść!

W Medjugoriu Maryja nauczyła nas czynić Eucharystię najważniejszą rzeczą. Tym, co najważniejsze w Medjugoriu, nie są objawienia, ale Msza św.! „Drogie dzieci, jeżeli przyjmowanie Eucharystii będzie w centrum waszego życia, nie bójcie się, będziecie mogły wszystko. Jestem z wami" (2 CZERWCA 2012 R.). Maryja jest zawsze u boku swojego Syna, zawsze jest z nami, gdy adorujemy, zawsze z nami, gdy Go przyjmujemy! Jeżeli jestem jedynym uczestnikiem Mszy św., jeżeli jestem sam przed tabernakulum w parafii, nigdy nie jestem naprawdę sam, bo jest ze mną Królowa pokoju, uradowana moją obecnością. Poza tym jest z Nią cały Kościół chwalebny: aniołowie, archaniołowie, święci. Czy to nie cudowne? Ileż łask tracimy, zaniedbując codzienną Mszę św., uczestniczmy w niej, kiedy pozwalają nam na to okoliczności! Czcigodna Służebnica Boża Marta Robin mówiła: „Stopień naszej chwały w niebie będzie proporcjonalny do jakości naszych Komunii św. na ziemi".

Co powiedzieć o łaskach, jakie otrzymujemy podczas adoracji? Jezus jest obecny w Hostii jako żywa Osoba i to we wszystkich fazach swojego życia. Mamy przed sobą zarówno małego Jezusa ukrytego w łonie Maryi, jak i nowo narodzonego Jezusa w Betlejem, adorowanego przez pasterzy! Mamy Dzieciątko Jezus, które udaje się do Egiptu, a potem żyje w ukryciu w Nazarecie. Mamy Jezusa dorosłego, cieślę, który pracuje razem ze swoim ojcem, Józefem, dla swoich klientów. Mamy Jezusa Rabbiego, który naucza tłumy podczas swego życia publicznego. Potem — Jezusa umierającego śmiercią męczeńską na krzyżu, Jezusa umarłego, zmartwychwstałego, wstępującego do nieba i zasiadającego po prawicy Ojca. Możemy Go kontemplować na wszystkich etapach naszego życia, zgodnie z naszym wyborem i upodobaniem i rozważać to, co Duch Święty podpowiada nam w tej chwili. Życie Jezusa, które kontemplujemy, przenika wówczas do naszego wnętrza, przekazywane w niewidzialny sposób.

Pewnego dnia spytałam widzącą Vickę, co mówiła im Maryja o Komunii św. na początku objawień. Oto orędzie, które mi przekazała: „Drogie dzieci, gdy przyjmujecie Jezusa w Komunii św. i wracacie na miejsce, nie patrzcie na innych, nie osądzajcie kapłana. Drogie dzieci, uklęknijcie przynajmniej na dziesięć minut i mówcie do mojego Syna, Jezusa, który jest w waszym sercu". I aby ją trochę sprowokować, spytałam: „Vicka, czy jesteś pewna, że Maryja mówiła o dziesięciu minutach?". „Nie, siostro Emmanuel, nie powiedziała: «na dziesięć minut», ale «przynajmniej na dziesięć minut», ale w rzeczywistości wolałaby, żeby to było dwadzieścia minut. Potrzeba bowiem dwudziestu minut, aby Hostia całkowicie się rozpuściła i te dwadzieścia minut są nieskończenie cenne!"

„Chodźcie codziennie na Mszę św., jeżeli pozwolą wam na to okoliczności" — doradza nam stanowczo Królowa Pokoju. Jak moglibyśmy zmarnować taką okazję, aby się przemienić, uświęcić, poprawić? Trzeba zawsze stawiać Mszę św. w centrum naszego życia. „Niech Msza św. oświeca resztę waszego dnia" — przypomina nam nasza niebieska Matka!

Ważne jest, by zapamiętać, że jeśli ktoś zaczął modlitwę dziękczynną po Komunii, nie wolno od niej odwrócić uwagi, ponieważ w tej chwili dzieje się coś nadprzyrodzonego. Dlaczego przerywać dialog pomiędzy boskim Gościem a duszą! Dlaczego mówić głośno i aby co powiedzieć? Czy widziałeś kapelusz tej pani, która siedzi z przodu? Co robisz dziś wieczorem? Uwaga, Jezus nie lubi gadulstwa!

Jezus powiedział do siostry Faustyny: „Napisz to dla dusz zakonnych, że moją rozkoszą jest przychodzić do ich serc w Komunii św." (*Dzienniczek*, nr 1683, s. 449). Natomiast zwierzył jej się też na temat osób będących w grzechu ciężkim: „Idę do niektórych serc, jakoby na powtórną mękę" (*Dzienniczek*, nr 1598, s. 429).

To zjednoczenie jest tak intensywne i mocne, że można mówić prawie o utożsamieniu się duszy z Panem. Kiedy wychodząc z kościoła spotkamy niewierzących, pogan, którzy jeszcze nie znają Jezusa, popatrzmy na nich tak, jak uczyniłby to Jezus. Może dla niektórych z nich będzie to jedyne w życiu dotknięcie Jezusa, gdy będą nas dotykali. Marta Robin mówiła: „Każde życie chrześcijańskie jest Mszą św., a każda dusza — Hostią!" Oby całe nasze życie stało się celebracją zjednoczenia naszej duszy z Jezusem!

Zrozumiała to dobrze siostra Faustyna: „O Jezu miłosierny, z jakim utęsknieniem spieszyłeś do Wieczernika, aby zakonsekrować hostię, którą ja mam przyjąć w życiu swoim. Pragnąłeś, o Jezu, zamieszkać w moim sercu, Twoja żywa krew łączy się z krwią moją. Kto pojmie tę ścisłą łączność? Moje serce zamyka Wszechmocnego, Nieogarnionego. O Jezu, udzielaj mi swego życia Bożego, niech Twoja czysta i szlachetna krew pulsuje całą mocą w moim sercu. Oddaję Ci całą istotę moją, przemień mnie w siebie i uczyń mnie zdolną do spełnienia we wszystkim Twojej świętej woli, do miłowania nawzajem Ciebie. O słodki mój Oblubieńcze" (*Dzienniczek*, nr 832, s. 252).

Opowiem wam pewną anegdotę o tym, jak siostra Briege McKenna** głosiła rekolekcje dla kapłanów razem z ojcem Kevinem, który często jej towarzyszył. Byli w restauracji i pobłogosławili posiłek mówiąc: „Panie, pobłogosław ten pokarm i wszystkich, którzy nas otaczają, usiądź z nami do stołu i spożyj ten posiłek z nami". Gdy tylko kapłan skończył, siostra znieruchomiała, a jej oczy wpatrywały się w pustkę. Ojciec Kevin domyślił się, że miała wizję. Gdy powróciła do siebie, spytała ojca Kevina: „Czy widziałeś to, co ja? Otóż gdy modliliśmy się i zapraszaliśmy Pana do naszego stołu, zobaczyłam Go przychodzącego do mnie i mówiącego. Nie znajduję słów, by opisać Jego piękno". Była poruszona i drżąca. I mówiła dalej: „Powiedział mi trzy rzeczy: kiedy jestem kochany, czczony i zapraszany, zawsze przychodzę!". Nie potrzeba podkreślać, że od tamtej pory Jezus jest u nas zapraszany na każdy posiłek. Rozmowy już nie są takie same. A więc dlaczego nie zapraszać Go częściej, nawet kilka razy na dzień? Jeżeli któregoś dnia nie uda nam się być na Mszy św., nie z lenistwa, ale dlatego, że przeszkodziły nam w tym okoliczności, zawsze jest możliwa Komunia duchowa czy też Komunia z pragnienia. Wystarczy po to zaprosić Jezusa do naszego serca, a z radością przyjdzie On do nas w sposób niewidzialny. Możemy mnożyć nasze Komunie duchowe z godziny na godzinę, zapraszając Jezusa, by spędził z nami cały dzień.

Podczas tej dziesiątki proponuję wam piękną Komunię duchową. Przedstawcie Mu wasze pragnienie przyjęcia Go

---

** Siostra Briege McKenna jest irlandzką zakonnicą bardzo dobrze znaną anglofonom. Głosi ona rekolekcje dla kapłanów i podróżuje po całym świecie, aby ewangelizować, zwłaszcza mówiąc o Eucharystii. Otrzymała specjalne charyzmaty uzdrawiania i poznania.

w obecności Maryi Dziewicy i zaproście Go z całego serca. On przyjdzie!

Działaj we mnie, o Jezu, napraw to, co złamane, napełnij to, co puste, opatruj moje rany, uzdrawiaj moje choroby, wypędzaj wszystkie demony, które mnie niepokoją i prześladują. Niech Twoje światło zabłyśnie w moich ciemnościach, otocz siebie chwałą we mnie! Nawiedź mnie w moich cierpieniach, dotknij mnie w głębi mojego serca, wypełnij mnie Twoim życiem, Panie! Pragnę Ciebie! Przyjdź, aby mnie napoić! O Panie Jezu, jesteś najpiękniejszy spośród synów ludzkich!

Tajemnice bolesne

Istnieje wiele „poziomów" miłości i więzi międzyludzkich. Jeśli kogoś mało znamy, rozmawiamy na powierzchowne tematy w rodzaju: co słychać, jest ładna pogoda. Ale pogłębiając tę relację, uczymy się kochać tę osobę i powoli otwierać przed nią serce. To z tymi, których najbardziej kochamy i do których mamy zaufanie, dzielimy się naszymi cierpieniami, kłopotami, głębokimi zranieniami. Tak samo jest z Jezusem! Chce On pociągnąć nas do swojego Serca i stworzyć głęboką relację z nami, aby podzielić się z nami swoimi cierpieniami. Im bardziej kochamy Jezusa, tym bardziej uczestniczymy w Jego cierpieniach, tym bardziej pragniemy żyć z Nim w każdej chwili. Zaczynamy kochać Jezusa, gdy pragniemy dzielić z Nim Jego bolości i pocieszać Go. Taka jest prawdziwa miłość, miłość, która się ofiaruje i daje, nie ma nic wspólnego z miłością egoistyczną, która wszystko skupia na sobie.

Kontemplacja Jezusa w Jego Męce jest więc najszybszym i najskuteczniejszym środkiem, aby się do Niego upodobnić. Ważne jest przypomnienie, że stajemy się tym, co kontemplujemy. Kontemplując Jezusa w akcie największej miłości, jakim jest Jego Męka, wchłaniamy Jego miłość. Jezus przenika nas w sposób nadprzyrodzony, obsypuje nas darami i upiększa naszą duszę. Sam Jezus powiedział to wielu świętym, zwłaszcza siostrze Faustynie: „Córko moja, współczucie twoje dla Mnie jest Mi ochłodą, dusza twoja nabiera odrębnej piękności przez rozważenie Męki Mojej" (*Dzienniczek*, nr 1657, s. 444). A także: „Najwięcej Mi się podobasz, kiedy rozważasz Moją bolesną Mękę; łącz swoje małe cierpienia z Moją bolesną Męką, aby miały wartość nieskończoną przed Moim Majestatem" (*Dzienniczek*, nr 1512, s. 409).

Im bliżej jesteśmy Jezusa cierpiącego, tym bardziej jesteśmy przyobleczeni w Jego chwałę. Jasno tłumaczy to św. Paweł w swoich listach. Możemy rozważać wiele tajemnic, ale to w tajemnicach bolesnych zanurzamy się naprawdę w głębiny Jego Serca. Jesteśmy nakarmieni Jego światłem i chwałą.

PIERWSZA TAJEMNICA BOLESNA

Modlitwa Pana Jezusa w Ogrójcu

Tak jak przy poprzednich tajemnicach, zachęcam was, byście zamknęli oczy cielesne i otworzyli oczy duszy, aby udać się w duchu do Jerozolimy. Pozostawiliśmy Jezusa w wieczerniku, kiedy to ustanawiał Eucharystię. Gdy połamał żywy Chleb, w pełni się ofiarował, Jego ofiara była spełniona, brakowało tylko śmierci fizycznej.

Idźmy z Nim i słuchajmy, jak śpiewa świąteczny psalm wraz z uczniami (POR. MK 14, 26). Nie pozostawiajmy Go samego, idźmy za Nim w tę ciemną noc.

Przybywamy do Ogrodu Oliwnego. Szukam jeszcze Jezusa oczami duszy. Oto jest! Klęczy, jest powalony przez lęk. Potem wstaje, aby podejść do trzech Apostołów, którzy Mu towarzyszą, do trzech wiernych przyjaciół — Piotra, Jakuba i Jana — do których mówi: „Smutna jest dusza moja aż do śmierci. Zostańcie tu i czuwajcie ze Mną" (MT 26, 38). Do nas także kieruje to zaproszenie do towarzyszenia Mu. Rzadko zdarzało Mu się mówić: „Chodźcie ze Mną!" Jednak w tej chwili Jezus potrzebuje bardziej niż kiedykolwiek naszej obecności, naszego wsparcia. Pragniemy pozostać z Nim. Zawsze chcemy pozostawać z drogą nam osobą nie tylko wtedy, gdy wszystko układa się dobrze i życie się do nas uśmiecha, ale zawsze, zwłaszcza gdy Jezus albo nasi bracia przeżywają konanie.

W Ogrodzie Oliwnym Jezus jest opuszczony i pogrążony w głębokim smutku. Jego pot staje się krwią. Czym jest spowodowany ten lęk, który rozrywa Jego wnętrzności? W tej godzinie szatan pokazuje Mu cały grzech świata, od pierwszego dnia, w którym człowiek zgrzeszył, aż do końca czasów. Jezus widział każdy z naszych grzechów — jeden po drugim. W tej właśnie chwili bierze na siebie całą grzeszną ludzkość. Jego dusza przekracza granice przestrzeni i czasu, ponieważ w Bożym świetle zgłębia i odczuwa życie wszystkich ludzi, każdego z nas, w szczególności: naszą odmowę, pogardę, obojętność, zatwardziałość, sarkazm, wszelkiego rodzaju nieczystość, kłamstwa, nienawiść i najbardziej odrażające czyny. Widzi zelżone swoje Ciało Eucharystyczne, świętokradztwa, czarne msze i łatwość, z jaką obraża się Eucharystię, która jest tak niezwykłym darem.

Jest w tym szatan, bo zło jest uporczywe. Podczas gdy Jezus jest opuszczony przez przyjaciół i wydaje się powalony na ziemię przez ohydę naszych grzechów, diabeł próbuje Go zmiażdżyć. Robi wszystko, by Go zniechęcić do kontynuowania Jego drogi. Jakąż straszną pokusą jest pokazywanie Mu bezużyteczności Jego ofiary dla tylu dusz: „Możesz stwierdzić, że wszystko, co starasz się robić, robisz zupełnie na próżno, ludzie tylko grzeszą i wciąż będą grzeszyć, Twoja misja już jest porażką..." I Jezus mógł rzeczywiście kontemplować bezużyteczność swojej ofiary dla niektórych dusz. Wiedział już, że niektóre z nich odrzucą Jego miłosierdzie, nawet w ostatnich chwilach danych duszy, aby pojednała się z Bogiem. Mistyczka Marta Robin, która przeżywała Mękę Chrystusa każdego tygodnia przez pięćdziesiąt lat, powiedziała o Jezusie, że w czasie swej Męki „niewiele brakowało, by został unicestwiony!".

Jednak Jezus ma ukryty ogień w swoim Sercu. Od poczęcia Jego jedynym pragnieniem było pełnienie woli Ojca. Nawet teraz, w godzinie tej najwyższej próby, słyszymy, jak mówi: „Ojcze, jeśli chcesz, zabierz ode Mnie ten kielich. Wszakże nie moja wola, lecz Twoja niech się stanie!" (Łk 22, 42). Od dzieciństwa wiedział On dobrze, że przyszedł, aby pełnić wolę Ojca. Ale jaka jest ta wola? Bóg chce, aby każdy człowiek został zbawiony i otworzył się na Jego wielką miłość na wieczność. Serce Jezusa płonie tym samym pragnieniem — aby nas zbawić. Jego miłość jest silniejsza od lęku, który Go rozrywał. Jest tak silna, jak śmierć, która Go czeka. Jest gotowy, ponieważ przez całe swoje życie nigdy nie przestał pełnić woli Ojca.

Jesteśmy z Jezusem, ale w godzinie lęku jesteśmy przerażeni… Lęk przenika naszego ducha. Tak bardzo się boimy, że porzucamy wszystko. Obawiamy się, że Bóg będzie nas prosił o za wiele, że poda nam kielich niemożliwy do wypicia! Nasze człowieczeństwo go odrzuca, nawet nie może sobie go wyobrazić. I nasza odpowiedź brzmi: NIE! Ale co powiedział Jezus? „Ojcze, nie moja wola, lecz Twoja niech się spełni". Dzięki tej modlitwie Ojciec obdarzył Go nową siłą.

Jeżeli nie idziemy za Jezusem w Jego TAK, będziemy zbyt słabi i to nam się nie uda. Iść za Jezusem oznacza porzucić nasze lęki i zaufać Ojcu, nawet jeśli kielich wydaje się zbyt pełen goryczy. Jedynym wyjściem jest pokorne ofiarowanie naszych lęków i wyrzeczenie się ich. To nasze człowieczeństwo się boi. Co więc zrobić z tymi wszystkimi lękami, które nas osaczają? Lęk przed cierpieniem, konaniem, śmiercią, unicestwieniem, byciem zapomnianym, stratą…?

Zachęcam was do oddania wszystkich tych lęków Matce Bożej, aby na nowo żyć zgodnie z wolą Bożą. Kiedy musimy stawić czoło jakiejś próbie, cierpieniu, jesteśmy ogarnięci takim lękiem, że nic już z tego nie rozumiemy. Gorzej jeszcze, jesteśmy gotowi zrezygnować z Boga i samemu klecić nasze zbawienie. Nie! Oznaczałoby to powrót do punktu wyjścia. Nie chciejmy puścić ręki Boga, lecz trzymajmy się jej jeszcze mocniej.

Podczas tej dziesiątki, którą będziemy odmawiać razem, weźmy na nowo Maryję za rękę i dajmy Jej nasz największy lęk. Będzie Ona potrafiła spalić go w Sercu Jezusa. Któż lepiej od Niej może nas wyzwolić od lęku przed wolą Bożą? Któż może powiedzieć, że nigdy nie zaznał lęku? Zły okłamuje nas i chce nam wmówić, że pełnienie woli Bożej jest równoznaczne ze stawianiem czoła niezliczonym nieszczęściom, lękom, chorobom, próbom, łzom i wszelkiego rodzaju katastrofom. Szepcze nam, że przyjęcie ducha tego świata i pełnienie naszej własnej woli zapewni nam szczęście i wolność. Jakież to wielkie kłamstwo! Jaki owoc zbieramy idąc za naszą własną wolą i oszukańczymi atrakcjami tego świata? Kilka błysków światła, które krążą i przepadają w coraz większej pustce! Natomiast czy kiedyś spotkaliście świętego, który by żałował, że jest świętym, żyjąc zgodnie z planem Bożym wobec niego, wybierając Jego wolę? Z pewnością pełnienie woli Bożej może nas na początku dużo kosztować. Jednak czym to jest wobec owoców, jakimi są głęboki pokój i radość?

Tym, co może bardzo nam pomóc, jest uklęknięcie u stóp Jezusa i poświęcenie Mu z jednej strony chwili naszej śmierci, a z drugiej strony sposobu w jaki mamy umierać. W ten sposób nasze odejście z tego świata będzie z góry do Niego należeć i odbędzie się w pokoju, bez lęku.

Jezus zwierzył się siostrze Faustynie: „Dziecię moje, zrób sobie postanowienie, aby nigdy nie opierać się na ludziach. Wiele dokażesz, jeżeli zdasz się całkowicie na moją wolę i powiesz: nie jako ja chcę, ale jako jest wola Twoja, o Boże, niech mi się stanie. Wiedz, że te słowa, wypowiedziane z głębi serca, w jednej chwili wynoszą duszę na szczyty świętości" (*Dzienniczek*, nr 1487, s. 400).

To słowo Jezusa jest prawie niewiarygodne. Szczyt świętości w jednej chwili? Czy nie tego pragnę? Dlaczego wydaje się to tak łatwe? Gdy nasz Ojciec niebieski słyszy, jak wypowiadamy te słowa z głęboką szczerością, widzi w nas swojego Syna! Rozpoznaje ducha Jezusa! Oto więc klucz — utożsamić się z Synem. W tej chwili w głębi naszej duszy działa Duch Święty, stanowimy z Nim jedno. Nie zdając sobie z tego sprawy, dokonujemy czegoś o wiele większego, niż budowanie szpitali i bazylik. „Oto jestem, Ojcze, jestem gotów na wszystko. Nie moja wola, lecz Twoja niech się spełni".

Jezus dał inną obietnicę siostrze Faustynie i innym świętym, którzy czuwali razem z Nim. Tym, którzy trwali na adoracji eucharystycznej, na modlitwie osobistej albo tym, którzy zostali z Nim w godzinie próby. Są to kobiety i mężczyźni, którzy naprawdę starali się pozostawać w zjednoczeniu z Jezusem w głębi ich serc. Jezus mówi do nich tak, jak do Faustyny: „Córko Moja, wiedz, że miłość twa żywa i współczucie, jakie masz dla Mnie, były Mi pociechą w Ogrójcu" (*Dzienniczek*, nr 1664, s. 445).

W jaki sposób jest możliwe pocieszanie Jezusa w Getsemani dwa tysiące lat później? Konanie Jezusa jest skończone. Jak nasza dzisiejsza modlitwa może pomóc Jezusowi w Jego Męce? Łatwo to zrozumieć, jeśli wiemy, że łaska Boża nie ma żadnych ograniczeń w czasie i przestrzeni. To, co dzisiaj czynię z całego serca, pociesza Jezusa w Jego drodze na Kalwarię, a przede wszystkim w Jego konaniu w Getsemani. W ten sposób, czuwając i modląc się, możemy ofiarować Panu wielki skarb. Jakiejż wielkiej doznaje pociechy, gdy przygniata Go wizja wszystkich grzechów świata! Nie potrzeba ich wyliczać, ponieważ dzisiaj jesteśmy tak często w bezpośrednim kontakcie z ohydą grzechu! Widzimy, do jakiego stopnia człowiek może grzeszyć, jest to przerażające i okropne! Te czyste i niepokalane oczy, które przekazywały tylko miłość, widziały straszne zbrodnie i najbardziej haniebne czyny. W Getsemani Jezus doznał tak gwałtownego wstrząsu, że zaczął pocić się krwią!

Zapytałam pewnego lekarza o ten krwawy pot i odpowiedział mi: „Jest rzeczą niemożliwą, by człowiek pocił się krwią, chyba że przeżywa najokropniejszy wstrząs!".

Jeszcze dziś możemy pocieszać Jezusa w Jego konaniu. Wystarczy czuwać z Nim, okazywać wolę spotkania się z Nim w Jego cierpieniach i w cierpieniach innych, cierpi On bowiem w każdym z nas.

Odmawiajmy tę dziesiątkę z zamkniętymi oczami, aby lepiej widzieć Jezusa! Wpatrujmy się w Jego oblicze czerwone od krwi i zalane łzami. Oddajmy nasze lęki Sercu Maryi. Czyniąc tak, nie tylko pozostaniemy w Jego towarzystwie, ale będziemy stanowić jedno z Nim, bo będzie to ten sam duch i ta sama modlitwa: „Ojcze nie moja wola, lecz Twoja niech się spełni!". To najpiękniejsza modlitwa na świecie!

DRUGA TAJEMNICA BOLESNA

Ubiczowanie Pana Jezusa

W drugiej tajemnicy bolesnej wchodzimy wraz z Jezusem na dziedziniec namiestnika. Słyszymy wyrok Piłata, który — wbrew własnemu sumieniu — uwalnia mordercę i skazuje Jezusa na śmierć na krzyżu. Jednak zaczyna od ubiczowania, które jest torturą zastrzeżoną dla najgorszych zbrodniarzy. Jezus doskonale wie, co Go czeka, jest gotowy! Jeśli chodzi o biczowanie, to prawo przewidywało ograniczoną liczbę uderzeń, aby skazaniec nie umarł, ale kaci, w swej demonicznej gwałtowności, stracili rachubę. Ciało ludzkie nigdy nie mogło znieść tylu razów, zwłaszcza po konaniu w Getsemani, było to zbyt wiele! Św. Brygida Szwedzka gorąco pragnęła dowiedzieć się, jaka była liczba uderzeń wymierzonych Jezusowi w czasie Jego Męki i Pan objawił jej, że w tych ostatnich chwilach swego życia otrzymał 5480 uderzeń bicza. Powinien upaść pod tą lawiną razów...

Ale miał spełnić swoje wielkie dzieło Odkupienia, nie mógł więc pozwolić sobie na to, by umrzeć. Udało Mu się przeżyć biczowanie, bo jeszcze raz wezwał Ojca, aby otrzymać siłę do zniesienia tego wszystkiego.

Znajduję się obok Jezusa i kontempluję Jego boskie ciało całe pokryte krwią, otwartymi ranami, ani centymetr Jego skóry nie był oszczędzony! Staję się na nowo tym dzieckiem, które rozpoczęło tę podróż ręka w rękę z Matką Bożą. Patrzę na Nią. Uczestniczy Ona we wszystkim! Każde uderzenie rezonuje w Niej i Jej Serce się rozdziera. Wie Ona, że całe legiony aniołów są gotowe, by interweniować, aby wyzwolić Jej Syna z tej sytuacji. Razem z Nią kontempluję Jezusa, który stał się żywą raną i jestem wstrząśnięta, bo na Jego twarzy nie widać żadnych oznak nienawiści. Nie ma najdrobniejszych śladów goryczy, gniewu czy frustracji. W Jego spojrzeniu przysłoniętym krwią wyczytuję miłość i przebaczenie, piękno serca, które kocha pomimo znoszonych tortur. Co robi Pan, by wytrwać w miłości?

Jezus jest skoncentrowany na wielkim pragnieniu, które góruje w Nim nad całą resztą — zbawić nas za wszelką cenę! Chce, byśmy byli z Nim na zawsze. Nie ma mowy o tym, żeby nas zostawić! Jego miłość do nas utrzymuje Go przy życiu i pośród zgrozy trwa w tym zupełnie szalonym pragnieniu, aby uczynić nas szczęśliwymi na wieczność. Jednak ja, kiedy otrzymuję jedno małe uderzenie, przyznaję, że moją pierwszą reakcją nie jest ani miłość, ani miłosierdzie, ale raczej gniew, frustracja i chęć ripostowania! Potrzebuję czasu, by zgodzić się na przebaczenie. Kontemplując Jezusa, zaczynam doświadczać pragnienia, by nauczyć się od Niego, jak żyć miłosierdziem.

Kiedy jesteśmy zranieni, stajemy się bardzo wrażliwi i wróg natychmiast zbliża się do naszej rany, aby ją zainfekować i uczynić nie do zniesienia. Jest on ekspertem w metodach infekowania! Ma w kieszeni tyle wirusów, dysponuje tak wielką trucizną! I jak wstrzykuje ją w naszą ranę? Pomyślcie o tym wszystkim, co chodzi wam po głowie, gdy cierpicie. Szatan podsuwa naszemu sumieniu swoje myśli i uczucia. Na przykład kusi nas myślami o rozpaczy: „Spójrz, już tyle wycierpiałeś się w życiu, tym razem, jeśli to zbyt wiele, to wystarczy — skończ ze sobą! Dziś samobójstwo jest czymś banalnym, zobaczysz, że w ciągu kilku minut twoje cierpienie będzie skończone!". Szatan zaszczepia także w nas uczucie nienawiści, zemsty: „Widziałeś go i całą krzywdę, którą ci wyrządził? To takie niesprawiedliwe! Powinieneś go nienawidzić i całą jego rodzinę, zniszczyć jego reputację! Zadaj mu cierpienie, on tylko na to zasługuje!". Może szatan zbliży się do nas z myślami o zwątpieniu i buncie przeciwko Bogu: „Co to za Bóg zesłał na ciebie taką próbę! Wierzyłeś, że Bóg jest dobry i miłosierny, popatrz, do jakiego stanu cię doprowadził! Chyba nie wierzysz, że interesuje się tobą, skoro miliardy ludzi zamieszkują ziemię! Zostaw Go! On nic dla ciebie nie zrobi! Nie trać czasu w niedzielę! Msza niczemu nie służy! Przeżywaj swoje życie bez Niego, a nareszcie będziesz wolny".

Mogłabym podać wiele innych przykładów trucizny. Któż nie słyszy w sobie tego natarczywego i oszukańczego głosu, który może doprowadzić do obsesji? Bądźmy ostrożni. Szatan jest inteligentny i zna nasze słabe punkty i zbyt dobrze wie, jak je wykorzystywać, aby zainfekować naszą ranę i uczynić ją nie do zniesienia.

Jak więc rozeznać, że kusi nas właśnie on, nasz śmiertelny wróg? Nic łatwiejszego! W Ewangelii odnajdujemy działającego ducha Jezusa w Jego słowach i dziełach. Możemy postawić sobie pytanie: czy Jezus mógłby mi sugerować położenie kresu mojemu życiu? Z pewnością nie, przyszedł On bowiem, po to byśmy żyli! Czy powiedziałby mi, żebym nienawidził mojego wroga? Przeciwnie, nakazuje On mi, bym mu przebaczył, a nawet bym go kochał!

Jest więc tylko jedno do zrobienia w przypadku takich pokus — uciąć! Trzeba paść w ramiona Jezusowi mówiąc:

„Jezu, Ty widzisz, kusi mnie wróg! To są wszystko jego myśli, nie chcę ich! To nie są moje myśli, odrzucam je! Wybieram słuchanie Twojego Ducha, Jezu!". Prowadzimy wtedy dobrą walkę, jest ona niełatwa, ale bardzo owocna.

Gdy bowiem idziemy za zwodniczymi sugestiami i wskazówkami wroga, co wygramy? Będziemy o wiele bardziej cierpieć i stracimy pokój. Przy każdej wyrafinowanej pokusie wroga skupmy się na modlitwie i zastanówmy się: „Czy Jezus by nam to powiedział?".

Dzięki Bogu także Jezus zbliża się do naszych ran. Nigdy nas nie opuszcza. Jego mowa będzie zupełnie inna, stojąca w opozycji do mowy szatana. Jezus zbliża się, bo nas kocha i cierpi z nami. Szatan czuje do nas tylko nienawiść i pragnie wyrwać nas Bogu — nigdy o tym nie zapominajmy!

Jezus też będzie do nas mówił, ale w zupełnie inny sposób — z szacunkiem, czułością i pokorą. Ma On głęboki szacunek dla naszej wolności i ledwie udaje nam się Go usłyszeć. Jego głos jest jak szept w głębi naszej duszy, a ten Boży szept można słyszeć tylko na modlitwie i w skupieniu. Co powiedziałby nam Jezus? „Nie bój się, to Ja! Jestem z tobą. Spójrz na moje ręce i nogi, mój bok, ja też cierpiałem. Nie obawiaj się niczego, bo ty i Ja razem wszystkiemu podołamy. Oddaj mi się całkowicie!"

Jeżeli Jezus widzi, że jesteśmy gotowi oddać się Mu, zwraca się do nas z prośbą: „Oddaj Mi swoją ranę, ofiaruj Mi twoje cierpienie, daj Mi je!". I jeżeli z głębi serca oddamy Mu naszą ranę, przyjmie On ją jako bezcenny dar. Odtąd będzie to już Jego cierpienie, oddałem je Mu i ono do Niego należy. Ale co z nim uczyni? Dlaczego mnie o nie prosił? Złoży je w ranie swojego Serca, aby moja i Jego rana stanowiły jedną rzeczywistość, jedną ranę. To wtedy moja biedna, ludzka rana staje się nadprzyrodzona, bo odtąd należy do Jezusa! Moja rana stała się w ten sposób Jego raną, złączoną z Jego raną w jedno. Wtedy przemienia ją On. Otóż, co wypłynęło z rany Serca Jezusa? Gorycz, nienawiść, rozpacz, bunt? Z pewnością nie! Ta boska rana przekazuje nam największe skarby: światło, miłość, miłosierdzie, pocieszenie, uzdrowienie, pokój, radość, wyzwolenie, wszystkie sakramenty i wszystkie łaski naszego zbawienia.

Jeżeli złożę moje rany w przebitym Sercu Jezusa, wówczas uczestniczę w tym strumieniu miłości, który z niego wytryska i zbawia świat. Uczestniczę w sposób niewidzialny w dziele odkupienia, które dokonuje się przez cierpienia Jezusa. Wielka i wzniosła jest ta tajemnica! Współdziałam z Jezusem w najpiękniejszym dziele, jakie może istnieć, w odkupieniu świata! Wtedy staję się współodkupicielem. Zamiast stać się nie do zniesienia dla innych i dla siebie samego z powodu moich cierpień, staję się aniołem pocieszenia i pokoju. Daję nie mój pokój, ale to Boży pokój wypływa z moich przemienionych ran, ludzkich ran, które stały się nadprzyrodzone.

Jezus wie, że te rany są źródłem, przez które mamy dostęp do królestwa niebieskiego. Prorok Izajasz dostrzegł to już wcześniej, napisał bowiem: „W Jego ranach jest nasze zdrowie" (Iz 53, 5). Jeżeli składamy nasze rany w Jego ranach, pomagamy Jezusowi i rozprzestrzeniamy dzieło zbawienia na wiele dusz. Bardzo dobrze to zrozumiała Mała św. Teresa od Dzieciątka Jezus. Od dzieciństwa, za każdym razem, gdy dotykało ją jakieś cierpienie fizyczne czy moralne, mówiła do Jezusa: „Weź je, to dla Ciebie, to ukryty prezent dla Ciebie!". I co robił Jezus? Czy mówił z pogardą: „Co ona Mi daje? Co to takiego?". Przeciwnie, natychmiast chwytał tę ofiarowaną ranę i przemieniał ją w ranę chwalebną, jednocząc ją ze swoimi cierpieniami.

To moja słabość i nędza przyciąga miłosierne spojrzenie Jezusa, bo tylko On może ją przemienić i uczynić ją przyczyną zbawienia. Gdy mówi: „Pragnę!", jest oczywiste, że chce Mu się pić, bo jest zupełnie odwodniony, ale przede wszystkim pragnie przemieniać nasze rany w łaskę i pokój.

Biorąc na siebie nasze rany, moc Jezusa może w pełni działać w świecie. Mała Teresa dobrze wiedziała, że oddając Jezusowi swoje przykrości i cierpienia, a więc swoje rany, stawała się współodkupicielką. Także Matka Boża mówi nam dzisiaj:

„Zachęcam was, byście ofiarowali wasze krzyże i cierpienia w moich intencjach. Dziateczki, uczyńcie ze swoich cierpień jakby prezent dla Boga, aby stały się one pięknym kwiatem radości! Dlatego, dziateczki, módlcie się, żeby zrozumieć, że cierpienie może stać się radością, a krzyż — drogą radości" (25 WRZEŚNIA 1996 R.).

Ofiarujmy naprawdę Jezusowi nasze cierpienia z ufnością i miłością. Jest jeden Zbawiciel, jeden Odkupiciel, bo tylko Jego Krew może nas odkupić. Nie zapominajmy jednak, że jesteśmy mistycznym Ciałem Chrystusa i możemy pomóc Odkupicielowi w zbawianiu dusz, współpracując w Jego dziele odkupienia. To wielka sprawa!

Przez chrzest staliśmy się kapłanami, prorokami i królami. Dzięki darowi powszechnego kapłaństwa wiernych mamy możliwość ofiarowywania siebie samych i świata, stając się w ten sposób współodkupicielami. Ofiarowane przeze mnie rany dodadzą nowej siły całej ludzkości wszystkich czasów, Jego Ciału mistycznemu żywemu i realnemu! W niebie będziemy kontemplować piękno naszych nawet najmniejszych ofiar.

Ofiara z mojego cierpienia może pomóc Jezusowi zbawić zbuntowaną przeciwko Bogu duszę, idącą na zatracenie, jednając ją i czyniąc gotową do przyjęcia Jego miłosierdzia. Może ona pomóc Jezusowi w dodawaniu odwagi kapłanowi przeżywającemu trudności, pomóc choremu w znoszeniu jego boleści i ofiarowaniu ich, pomóc niewierzącemu w odzyskaniu wiary, grzesznikowi w skrusze, nienarodzonemu dziecku w uniknięciu aborcji, młodemu człowiekowi w wyjściu z rozpaczy.

„Cierpienie przemija, a to, co dobrze wycierpiane, trwa na wieki" — mówiła Mała Teresa.

Jest rzeczą oczywistą, że cierpienie samo w sobie jest złem. Pan go nie stworzył. Jest ono skutkiem grzechu. Ale Bóg, widząc w swej niezmierzonej miłości, jak bardzo cierpimy, znalazł sposób, by zmienić to cierpienie w moc zbawczą dla świata. Oto sens Jego krzyża! Najgorszym grzechem popełnionym przez człowieka było zabicie dawcy życia! Nie można było zrobić nic gorszego! Jednak dzięki wielkości Jego miłości Bóg przemienił ten haniebny czyn w przyczynę naszego zbawienia. I jeśli tak uczynił ze swoim krzyżem, uczyni tak samo z naszymi krzyżami. Dlatego chrześcijanin nie może bać się cierpienia, bo dzięki wielkiej miłości Jezusa staje się ono źródłem niezwykłego odkupienia!

Maryja nam mówi: „Nieliczne są dusze, które zrozumiały wielką wartość cierpienia ofiarowanego Jezusowi" (orędzie przytoczone przez Vickę). Mówi także: „Drogie dzieci, dziś w szczególny sposób zachęcam was, byście wzięły do ręki krzyż i byście zastanawiały się nad ranami Jezusa. Dziateczki, proście Jezusa o uzdrowienie waszych ran, zadanych wam w całym waszym życiu z powodu waszych grzechów albo z powodu grzechów waszych rodziców" (25 MARCA 1997 R.). Maryja potwierdza, że Jezus może uzdrowić wszelkiego rodzaju cierpienia.

W moim wieku jestem już może okryta ranami, bo takie jest życie, tor z przeszkodami! Jednak w każdej chwili, nawet w tym momencie, w którym Jezus jest biczowany, mogę jednoczyć się z Nim, aby stać się kimś, kto przekazuje Jego światło. Moje boleści stają się źródłem uzdrowienia, pocieszenia i chwały!

W tej dziesiątce zamknijmy oczy ciała, otwórzmy oczy duszy i spójrzmy na Jezusa: na Jego ciało, na oblicze pokryte sińcami, a jednak promieniujące światłem, miłością i chwałą. Powierzmy Mu nasze największe cierpienie, tę ukrytą ranę, która dziś najbardziej nas zasmuca, ranę, o której nie możemy nikomu powiedzieć. Ofiarujmy Mu ją, aby nią Go pocieszyć, a wtedy będzie On mógł działać w nas jako Zbawiciel. Mój grzech stanie się olejkiem, a boleść — radością.

TRZECIA TAJEMNICA BOLESNA

Cierniem ukoronowanie

ontynuujmy naszą podróż! Wciąż jesteśmy w Jerozolimie, tam gdzie Jezus otrzymuje koronę cierniową.

„Wtedy żołnierze namiestnika zabrali Jezusa ze sobą do pretorium i zgromadzili koło Niego całą kohortę. Rozebrali Go z szat i narzucili na Niego płaszcz szkarłatny. Uplótłszy wieniec z ciernia, włożyli Mu na głowę, a do prawej ręki dali Mu trzcinę. Potem przyklękali przed Nim i szydzili z Niego, mówiąc: «Witaj, Królu żydowski!». Przy tym pluli na Niego, brali trzcinę i bili Go po głowie" (Mt 27, 27–30).

Jesteśmy bardzo blisko Jezusa i oczy naszego serca są w Nim utkwione. Jezus milczy. Otaczają Go krwiożerczy ludzie. Ranią Go i upokarzają na wszelkie sposoby. Prowokują Go, ale Jezus milczy. Przyglądam się uważnie obliczu Jezusa pokrytemu krwią i błotem, oplutemu i dostrzegam w Nim blask miłości, która się daje. Jezus milczy, ponieważ w tej chwili kontynuuje niezawodnie wspaniałe dzieło: wstawia się za tymi, którzy Go torturują, wyświadcza dobro tym, którzy robią Mu krzywdę. Taki jest nasz Jezus!

Nie może nawet zobaczyć tych, którzy Go otaczają, bo Jego oczy są zalane krwią. Ledwo rozpoznaje kształty, ale co widzi? Nie zatrzymuje się na strasznej brzydocie tych ludzi, nie skupia się na ich okrucieństwie, ani na ich twarzach zniekształconych przez przemoc. Co więc widzi? Ponad nienawiścią i pogardą widzi duszę stworzoną przez Boga, która kryje w sobie wielką miłość. „Drogie dzieci, jeżeli będziecie widziały miłość w sercu każdego człowieka, będziecie kochać wszystkich ludzi, nawet najgorszych" (do Jeleny Vasilij i do grupy modlitewnej).

Widzi On w każdej duszy wspaniały potencjał miłości. Widzi odbicie obrazu Ojca, Stwórcy, w głębi serca tych zdziczałych ludzi! Jezus tak bardzo miłuje ich serca, że myśli tylko o zrealizowaniu swego wielkiego pragnienia: zaprowadzić tych wszystkich grzeszników do nieba, do Ojca, gdzie będą żyć na wieczność. Nie myśli o niczym innym i właśnie to daje Mu siłę do udźwignięcia cierni, które dziurawią Mu głowę. Ma teraz na głowie tę upokarzającą koronę, która ośmiesza Go jako króla realnego i niebieskiego. Kontempluję ten boski ogień, który wyraża miłość bez granic i stawia czoło tej próbie bez narzekania. Ja także chcę kochać z taką samą żarliwością. Kontemplując Jego znieważone oblicze, nasiąkam miłością, pięknem i pokorą Boga. Stajemy się tym, co kontemplujemy — oto wielkość różańca!

Mam pewność, że kiedy rozważamy Mękę Jezusa z miłością, przenika nas całe Jego piękno. Jest to najskuteczniejsza metoda, aby przyoblec światło Jezusa. Zwierzył się On siostrze Faustynie: „Córko moja, współczucie twoje dla Mnie jest Mi ochłodą, dusza twoja nabiera odrębnej piękności przez rozważenie Męki Mojej" (*Dzienniczek*, nr 1657, s. 444). I jeszcze:

„Jedna godzina rozważania Mojej bolesnej Męki większą zasługę ma, aniżeli cały rok biczowania się aż do krwi; rozważanie Moich bolesnych Ran jest dla ciebie z wielkim pożytkiem, a Mnie sprawia wielką radość" (*Dzienniczek*, nr 369, s. 137).

Jezus kontynuuje: „Mało jest dusz, które rozważają mękę Moją z prawdziwym uczuciem; najwięcej łask udzielam duszom, które pobożnie rozważają mękę Moją" (*Dzienniczek*, nr 737, s. 231).

Ja także gorąco pragnę włączyć się w Jego plan zbawienia, wejść do Jego gorejącego Serca Zbawiciela. Chcę uczestniczyć w Jego królewskim majestacie. Jezus jest Królem nie w złotej koronie, jak to pokazują niektóre obrazy, nie dlatego że uzyskał większość głosów w głosowaniu. Nie! Jest On Królem, ponieważ oddaje swoje życie z miłości. Takie jest prawdziwe panowanie Chrystusa!

W mojej kontemplacji chcę pozwolić, by mnie przemieniał i w czasie gdy asystuję zasmucona przy Jego cierniem ukoronowaniu, widzę, że odczuwa On moją miłość i stara się spotkać moje spojrzenie, chce przekazać mi swoje piękno. Podziwiam ze wzruszeniem pokorę mojego Króla, który pozwala się bić bez reakcji, a Jego boska pokora stopniowo przenika mnie poprzez Jego łagodne spojrzenie. Kontempluję Jego miłosierdzie, gdy w ukryciu wstawia się za swoich katów, pozwalam Mu wtedy przekazać mi je i ogarnia mnie ono z mocą. Odtąd mogę przebaczyć wrogowi, to co po ludzku nie było dla mnie możliwe.

Czasami niemal wstydzimy się cierpień Chrystusa! W naszych krajach, które mają chrześcijańskie korzenie, chce się wyrzucić krzyż ze szkół, ze szpitali i wszystkich miejsc publicznych. Czy wstydzimy się cierpiącego Jezusa? Jeżeli wygnamy Odkupiciela ze świata, wygnamy także nasze odkupienie. Natomiast przeciwnie, cierpiący Jezus jest naszą chlubą! Za każdym razem, gdy nasze spojrzenie spoczywa z miłością na

Jezusie ukoronowanym cierniem na krzyżu, jest On głęboko poruszony, gotów, by nas pocieszyć, uzdrowić, uwolnić od naszych brzemion!

Widząca Vicka opowiedziała mi, co się stało w Medjugoriu w pewien Wielki Piątek w roku 1982, około rok po rozpoczęciu objawień: „Matka Boża ukazała się nam z dorosłym Jezusem. Zazwyczaj ukazuje się z Dzieciątkiem Jezus tylko w Boże Narodzenie. Ale tego dnia Jezus przeżywał swoją Mękę, miał na głowie koronę cierniową, szkarłatny płaszcz pokryty błotem i w strzępach, ten płaszcz, w który ubrali Go żołnierze, aby Go ośmieszyć. Na Jego obrzękłym i nabrzmiałym obliczu, oplutym i pokrytym krwią widać było ślady otrzymanych razów. Był to straszny widok! Potem Matka Boża powiedziała do nas: «Oto dzisiaj przyszłam z moim Synem przeżywającym Mękę, abyście zobaczyli, jak bardzo was umiłował i ile dla was wycierpiał»".

Od razu spytałam Vickę: „Czy Jezus ci coś powiedział?". „Nie — odpowiedziała Vicka, nic nie powiedział, ale patrzyłam w Jego oczy. Zobaczyłam w nich tak wielką miłość i czułość, że było to dla mnie silniejsze niż słowa. Nigdy nie zapomnę spojrzenia Jezusa!"

Teraz Jezus patrzy mi w oczy, wie o mnie wszystko. Ponad brzydotą mojego grzechu i wstydem, jaki odczuwam, widzi On tylko duszę, którą chce zbawić. Był urzeczony pięknem mojej duszy. Jego spojrzenie przeniknęło do głębi moją istotę i powiedział: „Moja córko, jaka jesteś piękna! Nie zniechęcaj się swoimi grzechami, kocham cię i widzę cię taką, jaka jesteś. Chcę cię zbawić, rzuć się w Moje ramiona!" Wtedy stwarza mnie na nowo i przekazuje swojego boskiego Ducha.

W Medjugoriu Matka Boża często mówiła do grupy modlitewnej:

„Teraz wróćcie do siebie i rozważajcie tajemnice bolesne

różańca przed krzyżem, poświęćcie wasze domy krzyżowi mojego Syna. Jeżeli nie macie kapłana, aby to uczynić, zróbcie to sami. Powieście krzyż na widoku w waszym domu i powiedzcie Panu: «Panie, oto nasz dom, poświęcamy go Twojemu krzyżowi». Zobaczycie, że spadnie na was deszcz łask" (do Jeleny Vasilij).

W czasie tej dziesiątki patrzmy na Jezusa i pozwólmy Mu działać bezpośrednio w naszej duszy. Pozwólmy, aby nas przemieniał, kształtował, ubogacał. Niech uczyni z nas królów, aby miłość złożona w nas w dniu chrztu świętego królowała wraz z Nim w Jego Królestwie, gdzie nie ma ani nienawiści, ani złości, ani ciemności, ani łez! „Moje królestwo nie jest z tego świata" — mówi Jezus do Piłata. Prawdziwe królestwo Jezusa przychodzi do nas w błogosławieństwach: błogosławieni czystego serca, cisi, miłosierni, pokój czyniący i prześladowani dla sprawiedliwości. Teraz, pod spojrzeniem Jezusa, przyjmuję Jego królestwo.

CZWARTA TAJEMNICA BOLESNA

Jezus niesie krzyż na Golgotę

Jezus jest teraz wyczerpany. Żołnierze brutalnie nakładają krzyż na Jego ramiona, nie zwracając uwagi na rany po biczowaniu. Okrutnie naśmiewają się z Niego. Jestem bardzo blisko Jezusa i kontempluję Go, wzgardzona przez tych, którzy Go otaczają. Przyjmuje On swój krzyż tak, jak mężczyzna bierze w ramiona ukochaną kobietę po długim oczekiwaniu. Pochyla się, aby ucałować drzewo krzyża i modli się do Ojca w ukryciu. To poruszające! Jezus przyjmuje krzyż jak dar od Ojca, czekał na to przez trzydzieści trzy lata! Wreszcie może objąć drzewo krzyża. Wie, że ten krzyż jest narzędziem naszego zbawienia, dlatego obejmuje go z tak wielką żarliwością. Z jego ust nie wychodzi żaden lament, ale tylko chwała. Tak wyczekiwana godzina nadeszła! Jezus zatrzymuje się i cicho wypowiada głębokie podziękowanie Ojcu za dar krzyża. Teraz może go dotknąć, objąć i być do niego przybitym.

Św. Franciszek Salezy, wielki biskup Genewy, pisze:
„Odwieczny Bóg, w swej mądrości, przewidział od zawsze krzyż, który pokazuje ci jako dar bliskości Jego Serca. Krzyż, który dziś ci zsyła, to ten krzyż, na który patrzył wszystkowidzącymi oczami, zrozumiał go w swoim boskim duchu.

Ucałował go w swej wielkiej sprawiedliwości. Ogrzał go w swoich miłujących ramionach. Zważył go własnymi rękami, aby upewnić się, czy nie jest on odrobinę za duży ani za ciężki dla ciebie. Pobłogosławił go swoim świętym imieniem. Namaścił swoją łaską i olejkiem pocieszenia. I rzucił ostatnie spojrzenie na ciebie i na twoją odwagę. I wtedy zesłał go tobie z nieba, jak specjalne powitanie dla ciebie i jałmużnę swej miłosiernej miłości".

Ja jestem tym krzyżem dla Jezusa. Teraz jestem w Jego ramionach i mogę powiedzieć, z jaką miłością mnie trzyma, odczuwa cały ciężar moich grzechów, niesie mnie z miłością na swoich ramionach. Ile by Go to nie kosztowało, chce On doprowadzić mnie na szczyt Kalwarii, aby zniszczyć mój grzech, umierając na krzyżu. Jezus i ja jesteśmy głęboko zjednoczeni, stanowimy jedno!

Ale Jezus jest wyczerpany, stracił tyle krwi! Ciężar krzyża jest torturą, która miażdży Mu prawe ramię. Pod tarciem belki znika ciało i odsłania się żywa kość. Nigdy nie wyobrazimy sobie, do jakiego stopnia Jezus cierpiał. Nie może już wytrzymać. Spostrzegają to żołnierze, obawiają się, że Jezus umrze w drodze. Byłoby to dla nich złe, bo muszą wypełnić rozkaz. Skazaniec musi dojść do miejsca ukrzyżowania.

Wołają więc człowieka, który tamtędy przechodził, Szymona Cyrenejczyka, który wracał z pracy. Był ogrodnikiem w okolicach Jerozolimy, pracował dla bogatych właścicieli żydowskich. Po całym dniu pracy nie ma ochoty pomóc zbrodniarzowi w niesieniu krzyża! To wstyd! Wie jednak, że nieposłuszeństwo Rzymianom jest niebezpieczne. Mistycy świadczą, że bierze krzyż z gwałtownością, rozgniewany, co zadaje Jezusowi jeszcze większy ból. Jednak zawsze patrzy na serce i nie ma za złe Szymonowi jego brutalnego obejścia.

Pokornie pozwala się ranić, ale nagle upada i Szymon też traci równowagę. Obaj znajdują się twarzą w twarz pod krzyżem. Co czyni wtedy Jezus? Utkwi spojrzenie w Szymonie. Żadnego wyrzutu, żadnej goryczy. Jezus otwiera przed nim swoje Serce i Szymon, odkrywając Jego oblicze pod błotem, pod krwawymi łzami i wszystkim, co je zniekształca, wpada w osłupienie. Nie spodziewał się w najmniejszym stopniu znaleźć takiej miłości, takiego światła u tego skazańca. Wydaje mu się to niewiarygodne! Jego dusza jest głęboko poruszona. Od tej chwili Szymon staje się uczniem Jezusa, gotów na wszystko, aby Mu pomóc, by Go ochronić przed brutalnością żołnierzy, a nawet bronić Go, ryzykując życiem. Szymon niesie krzyż aż na Kalwarię, idąc za Jezusem. Później będzie on bardzo aktywnym uczniem w rodzącym się Kościele, wraz z dwoma synami — Aleksandrem i Rufusem — wymienionymi w Ewangelii Marka (por. Mk 15, 21).

Przykład ten tak wiele nas uczy! Kiedy ciężar krzyża spoczywa na naszych ramionach wbrew naszej woli, pozostaje tylko jedno rozwiązanie: patrzeć na Jezusa, utkwić spojrzenie w Nim samym, gdy zaprasza nas, byśmy dźwigali krzyż razem z Nim. W chwili próby nie powinniśmy przede wszystkim patrzeć na siebie, ani zanurzać się w oceanie naszej nędzy! Utopilibyśmy się! Oznaczałoby to pogrążyć się w czarnej dziurze, zatrzymać się na naszym ubóstwie! Wpatrywanie się w nasze rany przygnębia nas, zaś kontemplacja ran Jezusa nas uzdrawia. Wpatrywanie się w Jezusa jest jedynym rozwiązaniem, aby nieść krzyż nie upadając. Kontemplując cierpienie Chrystusa, uczestnicząc w Jego Męce, znajdujemy siłę i łaskę.

Kathleen, przyjaciółka widzącej Mariji z Medjugoria, właśnie tego doświadczyła. Pewnego wieczoru w 1985 roku była zupełnie wyczerpana, bo razem ze swoją grupą modlitewną modliła się przez całe noce na górze, a do tego robiła wszystko w domu. Tego wieczoru jej ojciec duchowy dał jej pozwolenie, by wcześnie położyła się spać, podczas gdy inni poszli na górę. To był prawdziwy cud! Oto była ona u siebie, sama i szczęśliwa, że wreszcie może pójść spać i zapomnieć o nagromadzonym zmęczeniu. Jej pokój był na drugim piętrze. Ledwo co pokonała schody, każdy stopień był to nowy wysiłek. Przypomniała sobie osobę żyjącą w bardzo trudnej sytuacji. Otóż obiecała tej osobie, że będzie się za nią modlić tej nocy. Odpędziła te wspomnienia i chciała przełożyć tę modlitwę na następny dzień. Ale gdy tylko stanęła na ostatnim schodku, przypomniała sobie orędzie, jakie Matka Boża przekazała Mariji: „Kiedy wiecie, że wolą Bożą jest, byście zrobili coś dla Niego, ale zupełnie nie macie na to siły, módlcie się do Ojca niebieskiego, aby na nowo was stworzył, a da wam siłę" (do grupy modlitewnej). Ale Kathleen odpędziła tę myśl. „Nie, nie chcę tej siły, czeka na mnie łóżko!". Jednak czuła, że Matka Boża prosi ją, by się modliła. Jeszcze próbowała się temu opierać: „Moja ukochana Matko położę się do łóżka, mam pozwolenie, by pójść spać!". Potem, widząc, że to poruszenie wewnętrzne nie opuszcza jej, ustąpiła w końcu łasce. Uklękła i z całej siły modliła się do Ojca: „Proszę Cię, Ojcze, stwórz mnie teraz na nowo, daj mi siłę, bym mogła pójść się modlić!". Kathleen opowiada, że w tej właśnie chwili poczuła się odrodzona, tak że weszła jeszcze jedno piętro wyżej, aby dojść do kaplicy, lekka jak piórko i modliła się całą noc. Rankiem czuła się świeża jak róża, tak jakby spała osiem godzin. Ojciec na nowo ją stworzył, Maryja nie wprowadziła jej w błąd!

Jest rzeczą oczywistą, że także Jezus w swojej Męce, cały czas wzywał Ojca, aby mieć siłę dojść na Kalwarię, i został wysłuchany. Pomógł Mu Szymon z Cyreny, biorąc z Jego rąk krzyż i niosąc go za Nim. Jezus zgadza się zostawić swój krzyż Szymonowi. Tak, czyż nie powiedział: „Jeśli ktoś chce pójść za Mną, niech się zaprze samego siebie, niech weźmie krzyż swój i niech Mnie naśladuje"? (Mt 16, 24). Jednak Jezus dobrze wiedział, że dla niektórych myśl o wzięciu krzyża będzie nie do przyjęcia, krzyż już ich unicestwił, są zmiażdżeni cierpieniem, ludzkim okrucieństwem, alkoholem, narkotykami, chorobą psychiczną. Ich wola sprowadza się do zera. Jak można ich prosić, by nieśli swój krzyż, idąc za Jezusem? Dla tych maluczkich to niemożliwe! Jezus, w swym bezmiernym współczuciu, nie chce, by którekolwiek z Jego dzieci wstydziło się, że nie udaje mu się zrobić tego, o co jest proszone, a więc zajmuje ostatnie miejsce i staje się słaby, słabszy od najsłabszych, aby mogli oni powiedzieć: „Jezus był ze mną i też nie dawał rady. Jezus był taki jak ja". Gdy nie mógł już dźwigać krzyża, myślał o najmniejszych, których kochał, o ostatnich z ostatnich. Chciał im pokazać, że On nie radził sobie z tym sam. Zastrzegł sobie ostatnie miejsce.

Bardzo często Jezus opowiadał o swych cierpieniach najlepszym przyjaciołom — mistykom i świętym. Powiedział do siostry Faustyny: „Widzisz te dusze, które są podobne w cierpieniach i wzgardzie do Mnie, te też będą podobne i w chwale do Mnie; a te, które mają mniej podobieństwa do Mnie w cierpieniu i wzgardzie — te też będą miały mniej podobieństwa i w chwale do Mnie" (*Dzienniczek*, nr 446, s. 158).

Jezus mówi nam też o przebaczeniu: „Uczennico moja, miej wielką miłość do tych, którzy ci zadają cierpienie, czyń dobrze tym, którzy cię nienawidzą". Siostra Faustyna odpowiedziała bardzo zasmucona: „O mój Mistrzu, przecież Ty widzisz, że nie mam uczucia miłości dla nich i to mnie martwi". Jezus jej odpowiedział: „Uczucie nie zawsze jest w twej mocy; poznasz po tym, czy masz miłość, jeżeli po doznanych przykrościach i przeciwnościach nie tracisz spokoju, ale modlisz się za tych, od których doznałaś cierpienia i życzysz im dobrze" (*Dzienniczek*, nr 1628, s. 434–435). Widzimy więc, że prawdziwe przebaczenie polega na pragnieniu dobra dla tych, którzy wyrządzili nam krzywdę! Prawdziwe przebaczenie nie tkwi w uczuciach, i to na szczęście! Droga życia jest długa.

Dźwigając krzyż, patrzmy na Jezusa, który przebaczył wszystkim, w tym też nam. Wystarczy otworzyć serce, aby przyjąć przebaczenie i obdarzać nim innych. Nie jest rzeczą niemożliwą dźwiganie krzyża z miłością, ponieważ Jezus powiedział:

„Przyjdźcie do Mnie wszyscy, którzy utrudzeni i obciążeni jesteście, a Ja was pokrzepię. Weźcie na siebie moje jarzmo i uczcie się ode Mnie, bo jestem cichy i pokornego serca, a znajdziecie ukojenie dla dusz waszych" (Mt 11, 28–30).

Jest wielka przepaść między tymi, którzy dźwigają krzyż sami, a tymi, którzy dźwigają go z Jezusem. Kiedy dźwigamy go sami, szybko popadamy w gniew lub zniechęcenie, jesteśmy unicestwieni. Gdy natomiast dźwigamy go z Jezusem, droga ta staje się drogą światła, a nawet radości. W Medjugoriu Matka Boża mówi: „Drogie dzieci, niech wasza droga krzyżowa stanie się drogą radości!" (25 września 1996 r.). Tylko Jezus może przemienić nasz krzyż w radość! To miłość dokonuje tej przemiany!

Ponieważ jesteśmy z Jezusem na drodze krzyżowej, w tej dziesiątce powierzmy się Jego ramionom, pozwólmy, by nas niósł. Trwajmy, tak jak Maryja, w ramionach swego Oblubieńca. To właśnie Jezus uczynił, dźwigając krzyż. Wyjawił siostrze Faustynie ten sekret: „Córko Moja, dziś rozważ Moją bolesną mękę, cały jej ogrom; rozważaj w ten sposób, jakoby ona była wyłącznie dla ciebie podjęta" (*Dzienniczek*, nr 1761, s. 471).

Oto ja w Twoich ramionach, Panie Jezu! To nie ja dźwigam krzyż, ale to Twój krzyż mnie dźwiga. Nieś mnie zawsze, Jezu! Wiem, że Twoim szczęściem jest niesienie mnie i zbawianie. Oto ja, Panie Jezu! Chcę pozostawać w Twoim uścisku.

PIĄTA TAJEMNICA BOLESNA

Pan Jezus umiera na krzyżu

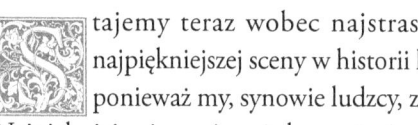tajemy teraz wobec najstraszliwszej, a zarazem najpiękniejszej sceny w historii ludzkości. Straszliwej, ponieważ my, synowie ludzcy, zabiliśmy dawcę życia. Najpiękniejszej, ponieważ dawca życia umiera, aby odkupić nas wszystkich, grzeszników i obmyć nasze zbrodnie swoją własną Krwią. Kto stoi pod krzyżem? Maryja, Jan, Maria Magdalena, Maria, żona Kleofasa, żona Zebedeusza i inne niewiasty. My także chcemy pozostać przy Zbawicielu w tych ostatnich godzinach konania i kontemplować Go, gdy będzie umierał.

Według Ewangelii Jezus wypowiedział na krzyżu siedem słów. Rozważymy jedno z nich, które często jest źle interpretowane:

„Od godziny szóstej mrok ogarnął całą ziemię, aż do godziny dziewiątej. Około godziny dziewiątej Jezus zawołał donośnym głosem: «*Eli, Eli, lema sabachthani?*», to znaczy: «Boże mój, Boże mój, czemuś Mnie opuścił?»" (Mt 27, 45–46).

Jak to możliwe, by Jezus powiedział: „Boże mój, Boże, czemuś Mnie opuścił?". Wiemy dobrze, że Ojciec nigdy by nie opuścił swojego Syna, zwłaszcza w godzinie, gdy do końca wypełnia Jego wolę!

Bóg dopuścił, by podczas Męki Jezus przeżył noc duchową tak ciemną, że już nie odczuwał miłości Ojca ani rodzicielskiej więzi z Nim. To najboleśniejsza noc duchowa! „Tego, który nie zaznał grzechu, uczynił On grzechem", jak mówi św. Paweł (por. 2 Kor 5, 21). Jest On też „ofiarą przebłagalną za nasze grzechy, i nie tylko za nasze, lecz również za grzechy całego świata" (1 J 2, 2). Jezus doświadczył dla nas odrzucenia przez Ojca i przez to straszne cierpienie pojednał nas z Nim. Wszystkie cierpienia przeżywane podczas Męki osiągają swój najwyższy punkt w tej nocy duchowej. Dla Jezusa odczucie nieobecności Ojca, który wydawał się ignorować Jego cierpienie i odrzucać Go, wywołało w Nim uczucie zupełnej klęski. Czuje się odrzucony, ponieważ wziął na siebie nasze grzechy. Jest tak, jakby wszystko to, co przeszedł aż do tej chwili, na nic się nie zdało. Jezus zniósł wszystko dzięki swej więzi z Ojcem. Jednak teraz, gdy nie odczuwa już Jego obecności i czuje się odrzucony, wszystko wydaje Mu się absurdem. Atakują Go wszystkie demony rozpaczy. Trudno wyobrazić sobie zasięg Jego niepokoju. Dlaczego Ojciec tego chciał? Chciał tego dla naszego zbawienia. Jezus miał doświadczyć naszego strapienia, abyśmy mogli odnaleźć komunię z Ojcem i dostęp do życia wiecznego. Chciał doświadczyć rozłąki z Ojcem, aby nas z Nim połączyć. Znajdujemy się tu wobec niezgłębionej tajemnicy miłosierdzia! Czy można znaleźć większą miłość?

Wyjaśniam: gdy byliśmy w ogrodzie Eden, przez grzech zerwaliśmy więź z Ojcem, naszym Stwórcą i straciliśmy stan łaski — pogrążyliśmy się w ciemnościach. Straciliśmy poznanie Boga, Jego przyjaźń, dar rozmawiania z Nim. Ale Bóg, który jest czystą miłością, chcąc na nowo nawiązać tę więź, zgodził się, by Jego jednorodzony Syn złożył samego siebie w ofierze. Aby móc odnowić więź między nami a Ojcem i między Ojcem a nami, trzeba było, by Jezus zerwał komunię z Ojcem, by odczuł opuszczenie w swojej boskiej duszy, przeżywając nieopisane cierpienie. O tym, że był naprawdę opuszczony, świadczy fakt, że nie wołał: Ojcze, Ojcze, czemuś Mnie opuścił. Nie mógł powiedzieć: „Ojcze", bo Ojca już nie było, ale zawołał: „Boże mój, Boże..." Doszedł do punktu, w którym już nie czuł się Synem Bożym, który składa siebie w ofierze, ale grzesznikiem, który straciwszy Boga, wykrzykuje całe swoje opuszczenie. Trzy godziny w tym stanie, trzy niekończące się godziny w tych ciemnościach, ciemnościach całego rodzaju ludzkiego ze wszystkich epok, w sercu, które nigdy nie popełniło grzechu!

Po tych trzech godzinach ciemności Jego dusza mogła na nowo ujrzeć Ojca. Plan Ojca został teraz do końca wypełniony i Jezus woła: „«Ojcze, w ręce Twoje powierzam ducha mego». Po tych słowach wyzionął ducha" (Łk 23, 46). Odkąd Jezus przeżył tę śmierć z miłości na krzyżu, nikt nie musi już być w rozpaczy. Jezus wypił za nas „kielich, co sprawia zawrót głowy" (por. Iz 51, 17–22). Przeszedł przez wszystkie nasze ciemności, aż Ojciec przyszedł Mu z pomocą, odnawiając w ten sposób więź człowieka z Ojcem. Zniszczył naszą rozpacz. Jezus daje nam tu cudowny klucz, gdy poddajemy się czarnym myślom, aż zaczynamy odczuwać śmierć w duszy, gdy wszystko wydaje się stracone i gdy demon wydaje się wszystko porywać, wówczas możemy i musimy wołać do Ojca w akcie prawie szalonego zaufania.

Spójrzmy na Maryję, najpiękniejszy przykład spośród wszystkich stworzeń. Wpatrywała się Ona w swojego Syna, znoszącego niewyobrażalne cierpienia, oddającego ducha i umierającego. Stała pod krzyżem. Wyobraźcie sobie Jej wnętrze Matki! Ona, Matka, Niewiasta doskonale współczująca,

Niepokalana bez żadnych śladów surowości, czuła Matka, która przeżywała w swoim ciele i całym jestestwie cierpienia Syna. W lęku i konaniu mogła powiedzieć: „Ojcze, czy to jest Twój plan? Czy jesteś zadowolony, widząc Twojego Syna w tym stanie?" Mogłaby buntować się przeciwko Ojcu, jednak miała wiarę w każdej próbie i nieskończoną ufność w Boże zamysły. Pomimo tego, co widziały Jej oczy gołębicy, powtarzała: „Bóg jest dobry, Bóg jest miłością! Bóg jest dobry, Bóg jest miłością!".

Kiedy my przeżywamy godzinę ciemności, naszym wybawieniem jest podanie ręki Maryi i powtarzanie wraz z Nią: „Bóg jest dobry, wierzę w to! Przemieni te ciemności w prawdziwe światło, jeszcze trochę poczekam cierpliwie". Bądźmy pewni, że światło nadejdzie i będzie to światło, jakiego nie widzieliśmy nigdy przedtem, światło, które dostrzega się w tunelu, najpiękniejsze ze świateł, to które odnosi pełne zwycięstwo nad ciemnościami, nad grzechem, nad śmiercią, nad szatanem i nad całym piekłem! Jest to prawdziwe światło, które trwa na wieki, które nie myli, nie zdradza, nie znika.

W tej dziesiątce weźmy Maryję za rękę, ofiarujmy nasze ciemności niebu, ofiarujmy to uczucie opuszczenia, które nas zasmuca, gdy już nie widzimy sensu naszego życia, kiedy wydaje nam się, że nigdy nie dojdziemy do końca tunelu i noc będzie trwała wiecznie. Opierajmy się demonowi, który to wykorzystuje, aby naśmiewać się z naszej słabości i drwić: „Widzisz, raj nie istnieje! Tylko sobie to wyobrażasz, zbawienie jest ułudą, zmartwychwstania nie ma! To wszystko kłamstwo! Widzisz dobrze, że jesteś opuszczony! Po co jeszcze walczyć?" Proszę was, nigdy nie słuchajcie tego głosu. Słuchajcie raczej głosu Maryi i Jej cichej, powtarzanej wciąż modlitwy: „Bóg jest dobry, Bóg jest miłością! Bóg jest dobry, wierzę, wierzę w miłość. Wierzę w zmartwychwstanie!". Oddajmy Sercu Maryi wszystkie nasze ciemności i czekajmy wraz z Nią na godzinę, w której nadejdzie światło. Będziemy na nie czekać z Jej niezachwianą ufnością, wraz z Jej matczynym Sercem pełnym po brzegi miłości. Światło bowiem nadejdzie.

„Drogie dzieci — mówi Maryja — jestem z wami kontemplując i przeżywając w moim Sercu Mękę Jezusa. Dziateczki, otwórzcie wasze serca i oddajcie Mi wszystko, co je wypełnia — radości, smutki i każdą boleść, nawet najmniejszą, abym mogła ofiarować to wszystko Jezusowi i by w swej niezmierzonej miłości spalił On nasze smutki i przemienił je w radość zmartwychwstania" (25 LUTEGO 1999 R.). Gdy ukazuje się Ona w Medjugoriu, pozostawia krzyż zawsze za sobą. Nie chodzi tu o krzyż pokryty krwią, ale o krzyż światła, znak zwycięstwa. Jest to znak, że cierpienie ma swój kres i że zbliża się zmartwychwstanie!

Tajemnice chwalebne

óż za paradoks! Z jednej strony wierzymy, że naszym ostatecznym przeznaczeniem jest kiedyś chwała w niebie. Z drugiej strony nie wiemy, co oznacza słowo „chwała"! Połączenie nadprzyrodzonej miłości i niestworzonego światła? Tajemnicza i niedostępna naszemu zrozumieniu rzeczywistość?

Pragnienie chwały wpisane jest w każdego z nas jak niewymazywalna pieczęć. Jednak po upadku Adama straciliśmy w pewnym sensie kontakt z głębią naszego jestestwa. Świat proponuje nam chwałę ziemską i bardzo przejściową: sukces, władzę, popularność, sławę, rozgłos — wszystko to jest tylko próżną chwałą, jak podkreśla św. Paweł. Kiedy Jezus mówi o liliach polnych, dodaje: „Nawet Salomon w całym swoim przepychu nie był tak ubrany, jak jedna z nich" (Mt 6, 29).

Przemierzając tajemnice chwalebne z Jezusem, postaramy się rozbudzić w nas to pragnienie prawdziwej chwały, którą może nam zapewnić tylko Zmartwychwstały, chwały, która czeka nas w niebie wraz ze wszystkimi dobrodziejstwami, i której przedsmak czujemy już na modlitwie.

PIERWSZA TAJEMNICA CHWALEBNA

Zmartwychwstanie Pana Jezusa

Jesteśmy w Jerozolimie. Jezus umarł na krzyżu. Wszystko skończone. Jest już pogrzebany. Ogromny kamień zamyka dostęp do grobu i żołnierze stawiają straż. Tej nocy w Jerozolimie jest wyjątkowo ciemno! Ja też jestem zdruzgotana wydarzeniami ostatniego piątku. Wszyscy jesteśmy unicestwieni przez ból i przez miażdżące uczucie, że wszystko jest stracone. Pokładaliśmy tak wielką nadzieję w tym wyjątkowym człowieku, proroku, rabbim, który mówił do nas zupełnie inaczej niż inni ludzie, nie mówiąc o znakach i cudach, których dokonywał. Dla nas był naprawdę wyczekiwanym Mesjaszem, tym, który miał wyzwolić Izraela! Nad Jerozolimą zapada noc. Szabat się skończył, a ja nie mogę zasnąć. Tak, całe święte miasto pogrążone jest w uciskającej ciemności. Ciężka cisza, przeplatana łzami i skargami, uciska uczniów. Smutek nie do zniesienia! Nikt nie mówi ani słowa. Sam Piotr nie wie, co robić. Inni Apostołowie włóczą się bez celu, jak zagubione owce. Ich przygnębione serca wołają w nocy i nie chcą zostać pocieszone. Stracili wszystko, tracąc Jezusa. Teraz, po co żyć? Myśl, że ta ciemność będzie trwała zawsze, przygniata ich. Całkowita porażka! Piękna historia o Jezusie jest skończona.

Tylko Maria Magdalena, przynaglana swą wielką miłością do Jezusa, wychodzi z domu o świcie, jeszcze przed wschodem słońca. Towarzyszy jej kilka niewiast — Joanna, Maria, matka Jakuba i Salomea (por. Mk 16, 1). Biegnie jak szalona do grobu. W jej rozpaczy pozostaje jeszcze jeden drobny czyn do spełnienia dla jej Jezusa, chce dokonać dla Niego ostatniego gestu miłości, namaścić Jego ciało najdrogocenniejszymi wonnymi olejami. Po przybyciu na miejsce niespodzianka! Jak to możliwe? Ciężki kamień został odsunięty! Przez kogo? Na próżno szukała, ciała Jezusa już tu nie ma! Jeszcze nie zrozumiała, że nie szuka się pośród umarłych Tego, który żyje. A jednak także ona była wraz z uczniami, kiedy Jezus mówił, że trzeciego dnia zmartwychwstanie! Okrucieństwo krzyża sprawiło, że straciła poczucie sensu.

I oto nagle Jezus staje przed nią! Jezus jest żywy! Zmartwychwstał! Jej serce bije bardzo mocno…

Nie da się wyrazić słowami radości Marii Magdaleny ani opisać piękna Jezusa zmartwychwstałego! Jezus Światło! Jezus Miłość! Jezus chwalebny! Jezus bardziej promieniejący niż kiedykolwiek!

Ja także, małe, rozmodlone dziecko, zbliżam się nieśmiało… bo nigdy jeszcze nie widziałam takiego Jezusa! Podziwiam Go w milczeniu, zachwycona. Adoruję Go całą moją duszą… Czyż nie zwyciężył śmierci? Czy znamy kogoś, kto sam wyszedłby z grobu? Jezus nadal mnie zdumiewa. Śmierć nie mogła utrzymać Go w swoich pętach. Z Jego oblicza wyczytuję radość ze zwycięstwa, które właśnie odniósł na naszą korzyść! Wyzwolił nas! Zwyciężył śmierć, zwyciężył mój grzech. Piekło jest odtąd pokonane wraz ze wszystkimi zbuntowanymi aniołami. Jednak ile kosztowało Go to zwycięstwo!

Jezus widzi moje serce spragnione miłości, Jego spojrzenie

spoczywa na mnie i przenika do głębi moją duszę i z miłością przyjmuje mnie taką, jaka jestem. Chce teraz napełnić moje serce swoją miłością i światłem, a ja pozwolę się napełnić, bo tak bardzo tego potrzebuję! Czym byłoby moje życie bez tego zwycięstwa światła, które jest mi ofiarowane? Niczym! Chcę przeżyć zmartwychwstanie, to nowe życie Boże, którym tylko Zmartwychwstały może mnie obdarować! I marzy On o tym, żeby mi je dać. Jego pragnieniem jest, by każda dusza w pełni żyła tym życiem nadprzyrodzonym i przemieniała się tak, by się do Niego upodobnić, do Niego, który jest niestworzonym Światłem, Pięknem, Miłością! Podchodzę więc do Niego bez żadnej obawy i tak jak nigdy przedtem otwieram moje serce dla Zmartwychwstałego ze ślepym zaufaniem. Jezus mówi: „Pokój z tobą! Bądź napełniona moim światłem, przyszedłem, by uzdrowić cię z wewnętrznej pustki, z wszelkiej choroby, smutku i letniości". A ja mówię na to: „Otwieram się na Ciebie, Panie Jezu, bo tylko Ty możesz zaspokoić moje pragnienie miłości".

Tymczasem Niewiasta nie musiała iść do grobu! Po co oglądać pusty grób? Po co szukać pośród umarłych Tego, który żyje? Maryja, Matka Jezusa, nigdy nie przestała wierzyć. Wiedziała, że po trzech dniach Jej Syn zmartwychwstanie, tak jak to zapowiedział. Tak bardzo wierzyła, że czekała na Niego w wieczerniku, miejscu, w którym schronili się uczniowie i które stało się miejscem lęku i łez.

Z objawień mistyków wiemy, że Jezus, zanim spotkał się z niewiastami przy grobie, poszedł do swojej Matki. Znalazł Ją w wieczerniku, na modlitwie, i przygarniając Ją jak umiłowany Syn, zwiastował Jej swoje zwycięstwo nad śmiercią. Podziękował Jej, bo Maryja, wbrew pozornemu zwycięstwu zła, nie przestała wierzyć.

Ja też, o moja Matko, chcę nadal wierzyć i kochać, nawet jeśli już nikt nie wierzy, gdy wszyscy opuszczają Jezusa i gdy wydaje się, że nie ma już żadnej nadziei. Nie pozwolę, by zatriumfowało zło. Powiedziałaś nam to, Maryjo: „Drogie dzieci, przez miłość obróćcie w dobro wszystko, co szatan chce zniszczyć i sobie przywłaszczyć" (31 LIPCA 1986 R.).

Oto jestem, Matko! Tak jak Ty, kiedy będę widzieć działanie zła, kiedy stwierdzę jego pozorny triumf w moim życiu, w mojej rodzinie i we wszystkich okolicznościach mojego życia, nadal będę mocno wierzyć, że Jezus przychodzi do mnie i że zawsze jest wyjście. Ty miałaś nadzieję wbrew wszelkiej nadziei. Chcę iść ręka w rękę z Tobą, o Maryjo! Naucz mnie, jak zachowywać wiarę i nadzieję w każdym położeniu, nawet w sytuacjach najbardziej destabilizujących. Jestem dzieckiem światła, a nie dzieckiem ciemności. Chcę wprowadzić w życie Twoje orędzie:

„Drogie dzieci, chciałabym, żebyście wszystkie były odbiciem Jezusa, które będzie świeciło pośród tego niewiernego świata, kroczącego w ciemnościach. Pragnę, byście były światłem dla wszystkich. Dawajcie świadectwo w świetle. Drogie dzieci, nie jesteście wezwane do ciemności, ale do światła. Dlatego przeżywajcie wasze życie w świetle" (5 CZERWCA 1986 R.).

Tak, Maryjo, chcę odpowiedzieć na Twoje wezwanie i dzisiaj, bardziej niż kiedykolwiek, postanawiam uwierzyć w Zmartwychwstanie!

Słowo „wierzyć" nie oznacza w języku hebrajskim „myślę, że... ale nie jestem tego naprawdę pewien", nie! *Emouna* po hebrajsku oznacza przylgnąć do jakiejś rzeczywistości, przylgnąć do osoby. Kiedy mówię: „wierzę, że Jezus zmartwychwstał", potwierdzam, że stanowię z Nim jedno, że przylgnęłam do Niego jako Zmartwychwstałego.

Najdroższy Jezu, dziękuję Ci za światło niestworzone, którym chcesz mnie napełnić. Przyjdź, Panie, i pozostań we mnie. Wybacz mi wszystkie moje wątpliwości, zwłaszcza kiedy myślałam, że z mojej sytuacji nie ma wyjścia. To Ty, Panie Jezu, jesteś rozwiązaniem wszystkich problemów. Od teraz będę próbowała przyjmować Twoje zwycięstwo, uczynić je moim i „przesiąknąć" Twoim światłem. Wierzę w zmartwychwstanie umarłych. Jednoczę się z Twoim boskim Sercem potężniejszym niż wszystkie siły zła razem wzięte. O Jezu, wierzę w Twoje Zmartwychwstanie!

DRUGA TAJEMNICA CHWALEBNA

Wniebowstąpienie Pana Jezusa

Jesteśmy teraz na Górze Oliwnej, w miejscu, gdzie Jezus uczył modlitwy *Ojcze nasz*. Jedenastu chłonie każde Jego słowo, gdy obdarza ich On wielką misją rozpowszechniania Dobrej Nowiny aż po krańce ziemi. Stałam się na nowo dzieckiem i jestem entuzjastką tej misji. Zdumiewamy się, widząc, do jakiego stopnia Jezus ma do nas zaufanie. „Idźcie więc — mówi — i nauczajcie wszystkie narody, udzielając im chrztu w imię Ojca i Syna, i Ducha Świętego. Uczcie je zachowywać wszystko, co wam przykazałem" (Mt 28, 19–20). Dziękuję Ci, Jezu! Jeżeli uwierzymy, że te słowa mogą być wcielone w nasze życie, wówczas będziemy Twoim głosem, Twoimi rękami, Twoim spojrzeniem, Twoim sercem. Wzywasz nas do czynienia cudów!

Patrzę na Jezusa, jak wstępuje do nieba i podnosi prawą rękę, by pobłogosławić Apostołów. Odchodzi błogosławiąc, to Jego ostatni gest na ziemi, ostatni widzialny znak. To błogosławieństwo jest wielkim skarbem! Aby naprawdę zrozumieć jego wymowę, spójrzmy na sens słowa „błogosławieństwo", które po hebrajsku brzmi *braha*. Poprawne tłumaczenie słowa „błogosławić" nie brzmi „dobrze mówić", jak to sugeruje tłumaczenie łacińskie. W rzeczywistości ten, kto błogosławi, bierze z wielkiego, Bożego skarbca cząstkę Jego samego i przekazuje ją duszy, która przyjmuje błogosławieństwo. Błogosławieństwo Boże przenika bezpośrednio duszę, aby ją ubogacić, pomijając zmysły i inteligencję.

Błogosławieństwo, jakim Jezus obdarza Jedenastu, gdy wstępuje do nieba, nie ogranicza się tylko do tych, którzy uczestniczą w tym wydarzeniu, ale dotyka wszystkich ochrzczonych, w tym także nas. Dziś możemy zawsze korzystać z łaski wniebowstąpienia Jezusa i w pełni żyć Jego błogosławieństwem.

Jednak łaska ta nie jest automatyczna, jak podkreśla to Matka Boża: „Drogie dzieci, wiele pracujecie, ale bez błogosławieństwa Bożego" (25 MAJA 2001 R.). Jest więc sprawą podstawową, aby pozostać pod działaniem błogosławiących rąk Jezusa. Maryja wciąż nam przypomina, byśmy postawili Boga na pierwszym miejscu, cokolwiek byśmy nie robili. Zaczynajmy od modlitwy i kończmy modlitwą, a wtedy będziemy mieli pewność, że wszystko ofiarowaliśmy Bogu. Celem naszego życia jest żyć dla Boga i uwielbiać Go we wszystkim — taka jest Jego wola. Jeżeli będziemy zawsze działać w ten sposób pod Jego spojrzeniem, pozostaniemy pod działaniem Jego błogosławieństwa i będziemy czuli się jak ryba w wodzie. Bóg będzie z nami i my będziemy z Bogiem.

Jeżeli nie żyjemy pod działaniem błogosławieństwa Bożego, to dzieje się tak dlatego, że nie myślimy o Nim, nie żyjemy dla Niego, tak jakbyśmy nie mieli nic do zrobienia. Nie żyjemy dla Niego, gdy nasza wola pilotuje wszystkie nasze plany. W takim przypadku wymykamy się błogosławieństwu i nic z tego, co podejmujemy, nie ma wartości, bo wykonaliśmy to bez błogosławieństwa Bożego. Zrozumienie tego jest sprawą podstawową. Jeżeli Bóg nie zajmuje pierwszego miejsca w naszym życiu, możemy zawsze określić się mianem chrześcijan, ale będziemy żyli i pracowali bez Jego błogosławieństwa. Jeżeli nie żyjemy dla Niego, automatycznie żyjemy dla tego świata i dla ziemskich wartości. Przytoczmy słowo Boga, które jest za mało komentowane w parafiach: „Każda roślina, której nie sadził Ojciec mój niebieski, będzie wyrwana" (Mt 15, 13). Jednak nigdy nie jest za późno, bo błogosławieństwo Boże zawsze jest nam ofiarowane, Jezus zawsze spieszy, by nas błogosławić. Jakie to smutne, że nie korzystamy z tej łaski, podczas gdy jest rzeczą tak prostą stanąć pod strumieniami błogosławieństw Bożych! Wystarczy mocno postanowić przyznać Mu pierwsze miejsce.

Bóg nigdy nie przestaje nas błogosławić, zwłaszcza przez kapłanów. Na końcu każdej Mszy św. kapłan błogosławi obecnych na niej wiernych. Co w tym momencie otrzymujemy? Dokładnie te same skarby, te same łaski, jakich udzielił Jezus Jedenastu w dzień wniebowstąpienia! Ni mniej, ni więcej. Pod koniec Mszy Jezus w swej własnej osobie błogosławi nas przez ręce i słowa kapłana. Maryja mówi też: „Drogie dzieci, nie przyjmujcie błogosławieństwa kapłana w sposób powierzchowny, bo to Jezus we własnej osobie was błogosławi, bądźcie za to wdzięczni" (Mirjana, 2 grudnia 2006 r.).

W Medjugoriu nasza Matka niebieska obdarza nas swoim matczynym błogosławieństwem I mówi: „Drogie dzieci, ofiaruję wam moje matczyne błogosławieństwo, ale błogosławieństwo kapłana jest większe od mojego, ponieważ otrzymał on namaszczenie, by być kapłanem" (do Mirjany). Rzeczywiście, Maryja nie jest kapłanem, jest Matką Boga. Maryja kieruje orędzie, które głęboko poruszyło tak wielu kapłanów: „Gdyby kapłani wiedzieli, co dają, kiedy błogosławią, błogosławiliby dzień i noc".

W Ewangelii św. Łukasza znajdujemy piękne potwierdzenie mocy błogosławieństwa: „Oni zaś oddali Mu pokłon i z wielką radością wrócili do Jeruzalem" (Łk 24, 52). Jak to jest możliwe? Mogłabym powiedzieć: przeżyłam trzy lata z Jezusem, mogłam Go słuchać, rozmawiać z Nim, odczuwać Jego obecność, jeść i pić razem z Nim, nie opuszczałam Go, a potem nagle zniknął sprzed moich oczu! Czuję się jak wdowa, która straciła radość i sens życia. Powinnam czuć się unicestwiona przez smutek. Ale Apostołowie, przeciwnie, odchodzą uradowani. Co się stało? Przez swoje błogosławieństwo Jezus przekazał im moc i nadprzyrodzoną radość, tak że są Nim napełnieni!

Błogosławieństwo jest sposobem, który pozwala Jezusowi pozostawać z nami po wszystkie dni aż do skończenia świata. Jego błogosławieństwo ma niesłychaną moc! Nawet gdybym znajdowała się na bezludnej wyspie pośrodku oceanu i bez żadnej możliwości spotkania się z Nim we Mszy św., mogę też żyć pod działaniem Jego błogosławieństwa, jeśli tego chcę. W ten sposób spotyka się On ze mną. Gdziekolwiek bym nie żyła na ziemi, Jego błogosławiące ręce nie szczędzą mi obfitych łask! Jakaż to dobra nowina! Wiemy, że smutek pogrąża nas w stanie załamania, który nie pozwala nam błogosławić, podczas gdy Jedenastu było cały czas w świątyni, błogosławiąc Boga (por. Łk 24, 53). Byli oni jak źródła tryskające chwałą i radością!

Jezus idzie do Ojca i po prawicy Ojca staje się naszym obrońcą. Przez cały czas pokazuje Ojcu swoje rozświetlone i chwalebne rany, znaki Jego szalonej miłości do nas, grzeszników. Rany Jezusa są wciąż naszą obroną u Ojca. Natomiast widząc, za jaką cenę Jezus nas wybawił od grzechu i śmierci, Ojciec, który nas kocha, wylewa na nas strumienie miłosierdzia. Nasz największy Przyjaciel, boski Obrońca, zasiada więc po prawicy Boga Ojca. Nie przyszedł, aby świat osądzić, ale zbawić i z nieba nadal zbawia świat przez swoje rozświetlone rany.

Panie Jezu, dziękuję Ci za to, że nas nie opuściłeś. Zawsze jesteś z nami i z nieba wciąż działasz w naszych sercach. Dziękujemy Ci za tak cenną nadzieję, jaką nam dajesz przez swoje wniebowstąpienie. Zapewniasz nas, że przygotowałeś dla nas miejsce: „W domu Ojca mego jest mieszkań wiele. Gdyby tak nie było, to bym wam powiedział. Idę przecież przygotować wam miejsce" (J 14, 2). Dziękuję Ci, Panie, że przygotowałeś nam miejsce! Chcemy pozostać z Tobą na zawsze, bo wszystko, co kochamy, jest w Tobie.

Pozwól nam teraz wstawiać się za tymi, którzy Cię nie znają, bo w głębi ich serc nie znają, tak jak my, cudownej nadziei na miejsce przy Tobie na wieki. O Panie, dotknij dziś nawet serca tych, którzy nie znają Twojej miłości. Wielu z nich żyje w ciemnościach, w smutku, a czasem w rozpaczy, unicestwieni przez ciężar życia i wszelkiego rodzaju próby. Tak, dotknij tych braci i siostry, którzy nie mają sposobu ani siły, by nieść nadzieję. Ty widzisz, jak bardzo trudny jest dzisiejszy świat. Ty widzisz, że na ulicach, w domach, w biurach nie ma już nadziei chrześcijańskiej. O, Panie, ręka, którą podniosłeś, żeby błogosławić, jest widoczna także na obrazie Chrystusa miłosiernego, który sam dałeś siostrze Faustynie dla całego świata. Pomóż nam także stać się tą ręką wyciągniętą do naszych braci wyczerpanych, ciężko doświadczanych, tych, którzy żyją w duchowej samotności nie do zniesienia. Przypominasz nam o tym przez Twoją Matkę:

„Drogie dzieci, niepokój zaczął królować w sercach i nienawiść rządzi światem. Dlatego wy, którzy żyjecie moimi orędziami, bądźcie światłem i wyciągniętą ręką do tego niewierzącego świata, aby wszyscy mogli poznać Boga miłości" (25 listopada 2001 r.).

Tak, Jezu, pomóż nam stać się rękami wyciągniętymi do tego świata, który Cię nie zna, aby wszystkie Twoje dzieci mogły znaleźć się w zasięgu Twego boskiego błogosławieństwa i aby wiedziały, że jest dla nich miejsce u Ciebie, w Twoim Sercu.

TRZECIA TAJEMNICA CHWALEBNA

Zstąpienie Ducha Świętego na Apostołów w Wieczerniku, w obecności Maryi

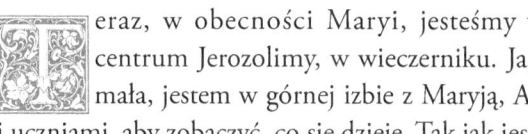eraz, w obecności Maryi, jesteśmy w samym centrum Jerozolimy, w wieczerniku. Ja, zupełnie mała, jestem w górnej izbie z Maryją, Apostołami i uczniami, aby zobaczyć, co się dzieje. Tak jak jest napisane w Dziejach Apostolskich:

„Kiedy nadszedł wreszcie dzień Pięćdziesiątnicy, znajdowali się wszyscy razem na tym samym miejscu. Nagle dał się słyszeć z nieba szum, jakby uderzenie gwałtownego wichru, i napełnił cały dom, w którym przebywali. Ukazały się im też jakby języki ognia, które się rozdzielały, i na każdym z nich spoczął [jeden]. I wszyscy zostali napełnieni Duchem Świętym, i zaczęli mówić obcymi językami, tak jak im Duch pozwalał mówić" (Dz 2, 1–4).

Jestem pod wrażeniem! Naprawdę żywe płomienie spoczywają na ich głowach i są napełnieni czymś, w czym nie ma nic ziemskiego — ogniem miłości, światła, przeobfitą radością!

To trzecia Osoba Trójcy Przenajświętszej, Duch Święty, więź miłości między Ojcem i Synem.

Bowiem w łonie Trójcy Przenajświętszej, pomiędzy trzema Osobami, które stanowią jedno, Duch Święty uosabia miłość Ojca do Syna i Syna do Ojca, miłość komunii. Ten sam Duch jest nam dany, byśmy miłowali Boga i byśmy miłowali się wzajemnie, tak jak miłuje nas Jezus. Ten, który pomaga nam żyć i radować się tą samą miłością nadprzyrodzoną; „Miłujcie się wzajemnie, tak jak Ja was umiłowałem" — mówi Jezus. Ogień miłości, który płonie w łonie Trójcy Przenajświętszej, udziela się nam. Cóż za niezwykły prezent! Duch Boży przynosi nam dary o nieocenionej wartości, które św. Paweł wylicza w Liście do Galatów: „miłość, radość, pokój, cierpliwość, uprzejmość, dobroć, wierność, łagodność, opanowanie" (Ga 5, 22). Któż nie pragnąłby, żeby w jego sercu płonęły owoce takiej Obecności?

Mogłabym mnożyć słowa, ale pragnę raczej wzywać Ducha. Tak bardzo Go potrzebujemy! Moim pragnieniem jest całkowite wypełnienie mnie przez Ducha, który jednoczy Ojca z Synem, Ducha komunii, płomienia miłości! Nasze serca są zawsze zbyt zimne, puste, samotne, zagubione. Skupmy się teraz, zamknijmy oczy i odrzućmy wszelką obawę, odrzućmy nasze próżne myśli i wzywajmy całym sercem tę ogromną miłość, ten płomień miłości. Nawet jeśli nie zawsze jesteśmy tego świadomi, tak bardzo pragniemy tej nadprzyrodzonej miłości! Wzywajmy Go wszyscy razem:

Przybądź, Duchu Święty, ześlij z nieba wzięty światła Twego strumień, przyjdź Ojcze ubogich, Dawco darów drogich, przyjdź, światłości sumień. O najmilszy z gości, słodka serc radości, słodkie orzeźwienie, w pracy tyś ochłodą, w skwarze żywą wodą, w płaczu utuleniem. Światłości najświętsza, serc wierzących wnętrza poddaj Twej potędze. Bez Twojego tchnienia cóż jest wśród stworzenia? Jeno cierń i nędze. Obmyj, co nieświęte, oschłym wlej zachętę, ulecz serca ranę. Nagnij, co jest harde, rozgrzej serca twarde, prowadź zabłąkane. Daj Twoim wierzącym, w Tobie ufającym, siedmiorakie dary. Daj zasługę męstwa, daj wieniec zwycięstwa, daj szczęście bez miary. Amen!

W Medjugoriu Matka Boża zachęca nas często do modlitwy, abyśmy otrzymali Ducha Świętego i przyjęli Jego dary:

„Liczy się modlitwa do Ducha Świętego, aby mógł On na was zstąpić. Gdy macie Ducha Świętego, macie wszystko. Módlcie się o dary Ducha Świętego. Gdy przychodzi Duch Święty, pokój jest trwały. Gdy przychodzi Duch Święty, wszystko wokół was się zmienia. Duch Święty chce być obecny w rodzinach. Pozwólcie Mu tam wejść. Przychodzi On przez modlitwę. Dlatego, drogie dzieci, módlcie się i pozwólcie Duchowi Świętemu odnowić was i wasze rodziny. Gdy Duch Święty zstępuje na ziemię, wszystko jest jasne i przemienione. Pozwólcie prowadzić się całkowicie Duchowi Świętemu. Wasza praca będzie dobrze wykonywana" (według kilku orędzi skierowanych do Jeleny Vasilij).

Maryja tłumaczy, że Duch Święty jest naszym wielkim Przyjacielem i że wystarczy Go wezwać, żeby przyszedł. Nigdy nie wzywamy Go na próżno!

Jakiś czas temu, w święto Zesłania Ducha Świętego, pewna kobieta z Medjugoria wzywała bezustannie Ducha Świętego — przez cały dzień. Przeżywała każdą chwilę, kierując swoje serce i duszę ku Duchowi Świętemu. Jednak wieczorem poczuła się trochę zawiedziona, widząc, że nic się nie wydarzyło. Mówiła do siebie: „Nie błagałam Ducha Świętego, a jednak nie przestawałam Go wzywać". Nazajutrz podszedł do niej jakiś mężczyzna i powiedział: „Dziękuję ci bardzo, ponieważ wczoraj wieczorem, w czasie obiadu twoje słowa tak mnie poruszyły, że poczułem się przemieniony, otrzymałem wielką łaskę od Pana". Ta kobieta zrozumiała, że Duch mądrości i miłości naprawdę przyszedł, ale nie w sposób odczuwalny. Ufajmy więc! Gdy wzywamy Ducha Świętego, On prędko przychodzi. Nie miejmy nigdy wątpliwości!

W Ewangelii Jezus mówi to jasno: „Proście, a będzie wam dane; szukajcie, a znajdziecie; kołaczcie, a zostanie wam otworzone" (Łk 11, 9). A także: „Jeśli więc wy, choć źli jesteście, umiecie dawać dobre dary swoim dzieciom, to o ileż bardziej Ojciec z nieba udzieli Ducha Świętego tym, którzy Go proszą" (Łk 11, 13). Jak można wątpić w te słowa?

Uważajmy natomiast, by nie przegapić Jego przyjścia! Przykład świętych przestrzega nas przed nie od razu zauważalnym niebezpieczeństwem. Dusze zakonne, ale także dusze osób pobożnych, które żyją w świecie, mają zaprogramowaną codzienną modlitwę. To program, do którego wzywa je Duch Święty. Dusze te mogłyby nie potrafić odpowiedzieć na nieoczekiwane natchnienia Ducha Świętego, który przychodzi w dowolnej chwili, na przykład w czasie zmywania naczyń. Chcą one zamknąć Ducha Świętego w swych zwyczajowych ramach, czyniąc w ten sposób jałowymi Jego wezwania. Jeśli dusze nie zawsze uważają na wezwania miłości, mogą mnożyć swoje NIE, większe lub mniejsze, formując w ten sposób antyciało przeciwko Duchowi Świętemu. Wtedy nie są już one zdolne, by Go słuchać, ani pozwolić się Mu prowadzić. Są uodpornione na Ducha Świętego. Jest to najgorsza rzecz, jaka może przytrafić się duszy konsekrowanej!

Widzący z Medjugoria mówią, że biały obłok otacza stopy Matki Najświętszej. Jest to znak obecności Ducha Świętego, który nigdy Jej nie opuszcza. Jest to ten sam obłok, który towarzyszył Hebrajczykom na pustyni, jak jest napisane w Księdze Wyjścia:

„A Pan szedł przed nimi w dzień jako słup obłoku, by ich prowadzić drogą, w nocy zaś jako słup ognia, aby im świecić, żeby mogli iść we dnie i w nocy" (Wj 13, 21).

W Maryi zawsze mieszka Duch Święty, jest Ona najdoskonalszą Jego Świątynią. Ci, którzy trzymają Ją za rękę, żyją w obecności Ducha. Św. Ludwik Maria Grignion de Montfort mówił, że „kiedy Duch Święty spotyka miłość Maryi w jakimś sercu, to tam frunie!". Znakiem obecności Ducha Świętego w duszy jest miłość nadprzyrodzona. Jeżeli Duch Święty mieszka w nas, jest rzeczą niemożliwą, byśmy nie byli miłosierni. Św. Paweł zgłębia ten wymiar w swoich listach, mówiąc, że znakiem obecności Boga jest miłość, a nie cuda, proroctwa albo dar języków. Wszystkie te dary są wspaniałe, ale tylko miłość wskazuje, że otrzymaliśmy namaszczenie. Ktoś, kto jest dyspozycyjny wobec innych, zawsze gotów, by pomagać i dawać się całkowicie, oto ten, kto kocha!

Odmawiajmy tę dziesiątkę prosząc, by nadprzyrodzona miłość ogarnęła nas z całą mocą i przyzywajmy razem Ducha Świętego:

- Duchu miłości i prawdy, przyjdź do mojego serca!
- Duchu mądrości i wiedzy, przyjdź do mojego serca!
- Duchu rady i męstwa, przyjdź do mojego serca!
- Duchu miłosierdzia i przebaczenia, przyjdź do mojego serca!
- Duchu skromności i niewinności, przyjdź do mojego serca!
- Duchu pokory i czystości, przyjdź do mojego serca!
- Duchu Pocieszycielu, przyjdź do mojego serca!
- Duchu łaski i modlitwy, przyjdź do mojego serca!
- Duchu pokoju i łagodności, przyjdź do mojego serca!

- Duchu świętości, przyjdź do mojego serca!
- Duchu, który kierujesz Kościołem, przyjdź do mojego serca!
- Duchu Boga Najwyższego, przyjdź do mojego serca!
- Duchu, który napełniasz wszechświat, przyjdź do mojego serca!
- Duchu przybrania za synów, przyjdź do mojego serca!

CZWARTA TAJEMNICA CHWALEBNA

Wniebowzięcie Najświętszej Maryi Panny

Maryja została wzięta do nieba w sposób bardzo szczególny, bo Jej dusza uniosła się razem z ciałem, podczas gdy my doświadczamy oddzielenia duszy od ciała, gdy opuszczamy tę ziemię. Chciałabym zaprowadzić was na to miejsce, tak jak czyniłam to do tej pory. Tym razem naszym przeznaczeniem jest nic innego, jak niebo. Wyobraźmy sobie przybycie Matki Bożej do nieba. Oto Ona, stoi tam, po około 65 latach życia na ziemi, wreszcie przybyła do swojego domu. Można wyobrazić sobie, że powiedziała do Jezusa: „Oto jestem, mój Synu! Widzisz, że wypełniłam Twoją wolę, w pełni zrealizowałam plan Ojca co do mojego życia". Z jakąż radością i czułością Jezus bierze Ją w ramiona i przytula do Serca! Szeroko otwieram oczy. Widzę Go w niewysłowionym świetle. To jedyny w swoim rodzaju widok: Bóg przyjmuje najpiękniejsze ze swoich stworzeń i składa mu pełen chwały hołd, na który zasługuje. Po przeżyciu tylu radości i tylu cierpień na ziemi, są razem na zawsze w chwale nieba!

Kontemplując Maryję w tym nieskończonym, chwalebnym świetle, czuję zarazem ból i gorące pragnienie, żeby też kiedyś się znaleźć w objęciach Jezusa. Ból, bo jestem jeszcze na ziemi. Radość, bo myślę, że takie jest też moje przeznaczenie, że kiedyś stanę przed moim Bogiem. Z pewnością nie będę mogła powiedzieć tak jak Maryja: „Oto jestem, wypełniłam całą Twoją wolę". Byłoby to piękne kłamstwo i bilet do czyśćca. Przeciwnie, będę musiała powiedzieć do Oblubieńca mojej duszy: „Panie Jezu, Ty wiesz, że jestem grzesznikiem, ale próbowałam pełnić Twoją wolę. Tak wiele razy upadałam, ale dzień po dniu dzięki Twojemu miłosierdziu powstawałam i zaangażowałam całą swoją dobrą wolę, by iść za Tobą. Wiem, że Bóg patrzy na serce, podczas gdy dla świata ważne są tylko rezultaty i sukcesy". Co powie mi Jezus? Mam nadzieję, że widząc moją dobrą wolę, a zwłaszcza moje zaufanie do Jego miłosierdzia, weźmie mnie w ramiona. Otrzymujemy od Boga to, czego od Niego oczekujemy — mówi św. Teresa od Dzieciątka Jezus.

Vicka przytoczyła mi kiedyś to orędzie Maryi: „Wiesz, Vicka, na ziemi są ludzie, którzy podchodzą z rezerwą do Boga i do Jego woli. Czerpią trochę z Ewangelii, a trochę ze świata. Te osoby już zdecydowały, że pójdą do czyśćca" (orędzie prywatne skierowane do Vicki). Ralph Martin, założyciel odnowy w USA, z pewnym smutkiem nazywa ich chrześcijanami kawiarnianymi, bo wybierają, co chcą, a wszystko inne zostawiają. Kompromis!

Potem Maryja kontynuowała: „Są na ziemi ludzie, którzy świadomie zdecydowali robić wszystko przeciwko Bogu i przeciwko Jego woli. Ci już zdecydowali, że pójdą do piekła, chyba że się nawrócą". Wiemy, że na całym świecie są osoby, które paktują z szatanem, aby sprzeciwić się Bogu i Jego dziełu. Wyrządzają straszną szkodę i niestety mnożą się dziś jak grzyby po deszczu. Tragiczna rzeczywistość!

I Maryja dodaje: „W końcu są takie osoby na ziemi, które postanowiły podobać się Bogu za wszelką cenę! Te osoby zdecydowały, że pójdą od razu do nieba". Bezpośrednio do nieba? Czy to możliwe? Tak, oczywiście, to od naszego mocnego postanowienia zależy, w której grupie będziemy. W przyszłym świecie będziemy mieli to, o czym zdecydowaliśmy tu, na ziemi. To stanowi część nauczania Matki Bożej: „Niech dzisiejszy dzień będzie dniem, w którym zdecydujecie się na świętość" (25 listopada 1998 r.).

Sądzę, że każdy z nas chciałby pójść od razu do nieba, nieprawdaż? Wiemy jednak, że o wiele prościej jest znaleźć się w pierwszej grupie, to znaczy wśród tych, którzy przyjmują tylko część Ewangelii, aby zrobić swoją sałatkę nicejską z całą resztą. Nawet nie zdając sobie z tego sprawy, organizujemy swoje życie, a czasem też życie innych, w najdrobniejszych szczegółach, pozostawiając na uboczu wolę Bożą. Albo też ignorujemy działanie Opatrzności: „Tak, wierzę, że Bóg jest moim Ojcem, ale nigdy nie widziałem cudów. Tak, ufam Bogu, ale nie interweniuje On w moim życiu. Modlitwa i częsta spowiedź, dobrze, ale to zbyt wiele dla mnie!" Ale, ale, ale... Uwaga! Nie zapisujmy się do czyśćca! Jest on zbyt długi i zbyt bolesny, boleśniejszy od największych cierpień na ziemi — mówią nam mistycy.

Pomyślmy o chwili, w której staniemy przed Stwórcą. Jezus pokaże nam cudowne miejsce, które dla nas przygotował z tak wielką troską i tylko z wielkim smutkiem zdamy sobie sprawę, że wypełniliśmy tylko 50% Jego woli wobec nas. I zaczynają mówić: „Tak, Panie Jezu, kochałem Cię tylko do pewnego stopnia. Muszę to uznać, byłem zajęty tysiącem innych rzeczy, które uważałem za ważniejsze od Ciebie. Wypełniłem tylko 50% Twojej woli". Ujrzymy wtedy tę drugą część, tę którą zaniedbaliśmy... Będzie to bardzo bolesne doświadczenie. Nie możemy tego wybrać! Wybierzmy stuprocentowe wypełnienie planu Bożego wobec nas, jest on zbyt piękny!

Jezus nam to potwierdza: „Idę przygotować wam miejsce" (J 14, 2). Moglibyśmy myśleć, że mamy prawo tylko do skromnego miejsca, do pewnego rodzaju podnoszonego siedzenia w kąciku nieba, daleko od wielkich świętych, takich jak św. Franciszek z Asyżu, św. Katarzyna Sieneńska, proboszcz z Ars, ojciec Pio z Pietrelciny, Mała św. Teresa, św. Faustyna i tylu innych legendarnych świętych, których znamy! Czyż Bóg stałby się małostkowy? Czyż miałby stworzyć małą liczbę dobrych rzeczy, a cała reszta miałaby małą wartość? Jesteśmy wszyscy opieczętowani Krwią Chrystusa, której wartość jest nieoceniona. Nasze dusze, umiłowane oblubienice Baranka, są nią przyozdobione! Dla każdego z nas Bóg ma doskonały plan i chce go wypełnić wobec wszystkich swoich stworzeń. Stwórca nie pominął nikogo, wszyscy jesteśmy powołani do świętości, do świętości doskonałej, nie do świętości, która byłaby handlem z Bogiem. Takie jest pragnienie Boga: żeby cudowne miejsce, jakie nam przygotował w niebie, nie zostało puste!

Niestety, wielu chrześcijan nic nie wie o miejscu przygotowanym dla nich w niebie i z braku entuzjazmującej motywacji trwonią czas na ziemi i tracą poczucie sensu życia. Nasza niebieska Matka często przypominała nam, że istnieje życie wieczne:

„Drogie dzieci, zboczyłyście z drogi. Obrałyście złą drogę. Nie zapominajcie, że celem waszego życia jest niebo! Jednak szatan nie śpi, zwodzi was modernizmem, materializmem i egoizmem. Jesteście przywiązane do ziemi i do rzeczy ziemskich. Po tym życiu jest wieczność" (25 maja 2010 r.).

Drodzy przyjaciele, w tej dziesiątce zachęcam was, abyście wybrali niebo! Możemy wszyscy podnieść poprzeczkę i wybrać miejsce, które Jezus dla nas wyjednał za tak wielką cenę. Przyjmijmy bez wahania Boży plan, aby Bóg mógł urzeczywistnić swoje pragnienie wobec nas. Jakie to pragnienie! To właśnie czyniła Mała Teresa od Dzieciątka Jezus. Od dzieciństwa doznawała prób, była nadwrażliwa, bardzo straumatyzowana stratą swojej matki w wieku czterech lat, a potem wstąpieniem dwóch sióstr do karmelu w Lisieux... Krótko mówiąc, wszystko przyprawiało ją o cierpienie i płakała przy najdrobniejszej okazji. Mogłaby zamknąć się w sobie, żyć w smutku i przygnębieniu przez resztę swoich dni. Jednym słowem, zniechęcać się i przeznaczyć siebie do nędznej egzystencji! Jak udało jej się zostać wielką świętą, a nawet najmłodszym Doktorem Kościoła? Jaki był jej sekret? Czy zrobiła coś więcej niż my? Pewnego dnia w jej sercu rozbrzmiało to słowo Boże: „Bądźcie święci, bo Ja jestem święty". Zrozumiała, że jej wielka słabość nie stanowi przeszkody w planie świętości Boga wobec niej. Otrzyma łaskę, by stać się świętą, gdyż taka jest wola Boża i Bóg nie prosi nas o rzeczy, które byłyby dla nas niemożliwe. A więc nie zwlekając, podjęła ona mocne postanowienie, by stać się świętą, albo nawet by zostać wielką świętą! Uwierzyła w niezawodną moc Bożą i postanowiła przyjąć Boży plan świętości wobec jej życia. Oto jej sekret: Postanowiła, a Bóg dopełnił reszty...

Mało osób zdaje sobie sprawę, że wszyscy jesteśmy powołani do wielkiej świętości! Chodzi o to, by w pełni zająć wybrane miejsce, które Jezus dla nas przygotował, jakakolwiek by nie była nasza aktualna sytuacja i nasze rany. Nawet gdybym była wielkim grzesznikiem bardzo posuniętym w latach, to nigdy nie jest za późno, aby skorzystać z tej łaski. Możemy być wielkimi świętymi tylko wtedy, gdy to postanowimy! Matka Boża często nas napominała: „Drogie dzieci, niech dzisiejszy dzień będzie dniem, w którym zdecydujecie się na świętość. Nie czekajcie do jutra!", „Zdecydujcie się postawić Boga na pierwszym miejscu!".

Można porównać życie duchowe do podróży morskiej. Jestem na statku na Morzu Śródziemnym i chcę dopłynąć do Marsylii, aby zobaczyć się z rodziną. Pragnąc osiągnąć swój cel, biorę kurs na Marsylię i ustawiam ster we właściwym kierunku. Na przekór falom i burzom (próbom i pokusom), które zwalają się na mój statek, dotrę do dobrego portu, bo nakierowałam mój ster na Marsylię. Ale jeżeli zaniedbam czuwania nad nim, jeżeli rozsiądę się na szezlongu, aby się opalać, podziwiając piękne wybrzeża śródziemnomorskie, to będę rozproszony i pozwolę, by ster kierował statkiem według swego upodobania. Grozi mi wtedy zdanie się na fale i nie dotrę do Marsylii.

Matka Boża mówi: „Drogie dzieci, nie zapominajcie, że wasze prawdziwe mieszkanie jest w niebie". Zważmy na energię, jakiej używamy, aby przygotować wymarzony dom dla emerytów albo nabyć samochód, który będzie naszą dumą. Ale nadejdzie dzień, gdy nic z tego nie pozostanie! Tak samo jest z naszym ciałem. Byłoby rzeczą tragiczną dojść do ostatniej stacji naszego życia i spostrzec, że nic nie przygotowaliśmy dla naszego wiecznego mieszkania, jedynego, które trwa długo, bardzo długo! Dlaczego nie zatroszczyć się o nie z miłością od dzisiaj?

Biorę na nowo Maryję za rękę i kieruję ster mojego życia ku świętości, ku mojemu ostatecznemu przeznaczeniu, którym jest niebo, gdzie czeka mnie Boży uścisk.

Wielu myśli, że świętość polega na czynieniu cudów i

znaków. Oczywiście, że nie! Nawet szatan, który jest aniołem, może czynić cuda, aby nas oszukać. Inni myślą, że świętość polega na staniu się kimś wyjątkowym i w ten sposób wyłączają się z tej grupy. Nie, chyba że jest jakieś szczególne wezwanie Boże. Życie ukryte jest najpewniejszą drogą. Czym jest więc prawdziwa świętość? To po prostu mieć w sercu pełnię miłości. Dlatego święci są najszczęśliwszymi ludźmi na świecie! Gdy nie ma w nas miłości, chorujemy. Możemy otrzymać tę pełnię miłości przez modlitwę, sakramenty i miłość bliźniego. W ten sposób Bóg napełnia nas miłością i łaską jakby kropla po kropli i dzień po dniu wzrastamy na drodze do świętości.

Wielu ludzi boi się, że wola Boża będzie dla nich powodem cierpienia, ponieważ mają o niej fałszywe, ograniczające i negatywne wyobrażenie. Myślą, że pozbawi ich ona tego czy tamtego, a zwłaszcza że przeszkodzi im swobodnie robić to, co chcą. To oznacza nie znać Boga żywego! Bóg chce tylko jednego — zbawić nas za wszelką cenę. Jezus powiedział tak: „Tak też nie jest wolą Ojca waszego, który jest w niebie, żeby zginęło nawet jedno z tych małych" (Mt 18, 14). O co prosimy Ojca, kiedy mówimy: bądź wola Twoja? Błagamy Go, żeby zbawił wszystkie swoje dzieci. Należy Mu się powiedzenie z całego serca: „Oto jestem, Panie; chcę współpracować w Twoim planie zbawienia dla całej ludzkości. Dysponuj mną zgodnie z Twoim pragnieniem, bo chcę w pełni uczestniczyć w Twojej misji". Wola Boża to życie człowieka!

W tej tajemnicy Wniebowzięcia Maryi zaglądamy na chwilę do nieba i jesteśmy świadkami poruszającego uścisku Jezusa i Maryi, który zapowiada uścisk, jakiego kiedyś dostąpimy. Podziwiamy zwycięstwo miłości, jakie Maryja odniosła na ziemi i któremu zawdzięcza takie szczęście! Tak jak prawdziwa mama pragnie Ona, by wszystkie Jej dzieci były z Nią. Czeka z niecierpliwością, aż schronimy się w Jej ramionach, aby unieść się wraz z Nią i oddać się Jezusowi.

PIĄTA TAJEMNICA CHWALEBNA

Ukoronowanie Najświętszej Maryi Panny na Królową nieba i ziemi

W tej tajemnicy jesteśmy znowu zaproszeni do nieba. Na nowo zapraszam was do nieba, tym razem po to, by uczestniczyć w radości Jezusa, Ojca i Ducha Świętego przy ukoronowaniu Maryi na Królową nieba i ziemi. Możemy być dumni, że mamy taką Królową, przepełnioną miłością i czułością. Jest to Królowa i Matka, prawdziwa Matka!

Pozwólcie, że zadam wam pytanie: kim dla was jest królowa? Kim jest król? Przypomnijcie sobie na chwilę bajki z waszego dzieciństwa, w których królowie byli raczej despotami. Historia ludzkości dostarcza nam wiele przykładów królów, którzy nadużywali władzy, także dla ludu, jakim jesteśmy, słowo „król" albo „królowa" może rodzić nieporozumienia. W każdym razie król jest osobą, która posiada królestwo, terytorium, kraj, a więc teren, który jest prawnie pod jego panowaniem. W królestwie tym mieszkają jego poddani i w tym przypadku, który rozpatrujemy, poddany to każdy z nas. My jednak chcemy być poddani naszej Królowej, Maryi, z miłości! Kochamy Ją i chcemy się jej podobać. A co Ona czyni ze swojej strony? Jak prawdziwa królowa, rządzi krajem, próbując zagwarantować pokój i dobrobyt wszystkim!

Jesteśmy już przy ostatniej tajemnicy różańca. Podczas dziewiętnastu tajemnic byliśmy umiłowanymi dziećmi Maryi. Teraz jesteśmy zaproszeni, by stać się Jej poddanymi, a więc aby wejść jeszcze jeden stopień w naszym konkretnym zjednoczeniu z Nią. To daje nam tak wielkie poczucie bezpieczeństwa! Jest Ona Królową, bo miłuje. A ponieważ miłuje, jest całkowicie w służbie naszego szczęścia. Ta droga kontemplacji pozwoliła nam wzrosnąć w poznaniu Jezusa i Maryi i w końcu zrozumieliśmy, że możemy bez wahania powierzyć Im całe nasze życie. Aby potwierdzić, że przyjmujemy Ich odtąd jako naszych władców, chcemy poświęcić Im naszą osobę, wszystkich, których kochamy, a nawet wszystko, co do nas należy. W pięknej modlitwie konsekracji powiemy Maryi, że należymy do Niej całkowicie i z całego serca.

Niestety w chwilę po odmówieniu tej modlitwy może się zdarzyć, że zaczniemy działać według ducha świata, zapominając, do kogo należymy. Oddalamy się od Niej i zapominamy, że wszystko, kim jesteśmy, i wszystko, co mamy, jest Jej własnością. W tej dziesiątce odnowimy nasz akt poddania się Matce Bożej, Królowej całego naszego życia. Przykład, który przytoczymy, pozwoli nam bardzo konkretnie zrozumieć, do jakiego stopnia pragnie Ona wejść w nasze codzienne życie. Pozwolimy Jej królować i prowadzić nas ku pokojowi i ku zdolności miłowania słowem i czynem!

Zaproszę Matkę Bożą do siebie, tak, do mojego domu, aby zobaczyła, jak żyję razem z moim mężem, dziećmi i całą rodziną i jak troszczę się o dom. Biorę Ją za rękę i wprowadzam najpierw do mojej sypialni. Proszę Ją:

— Mamo, tak bardzo chcę, żebyś była Królową mojego pokoju. Czy to ci się podoba?

Co odpowie?

— Tak, to jest piękny pokój, widzę, że zmieniłaś zasłony, tak jest więcej światła! Kupiłaś nawet dobry materac, dobry dla twoich pleców.

Chwilę potem widzę smutek na Jej twarzy i pytam:

— Mamo, co jest nie tak w tym pokoju?

— Moja ukochana córko, nie widzę tu mojego Syna Jezusa. Gdzie jest krucyfiks? Gdzie go położyłaś?

— Masz rację, Mamo, schowałam go do szafy, bo moja córka chciała, żebym powiesiła na ścianie plakat z tym amerykańskim aktorem i ja jej posłuchałam. Tak, Mamo, to prawda, pozbyłam się Twojego Syna!

— Moje dziecko, dobrze wiesz, że to nie ten aktor amerykański cię zbawił. On jest też moim synem i kocham go, ale na jego miejscu powieś krucyfiks. Przed pójściem spać uklęknij przed nim razem z mężem i módlcie się razem! Pojednajcie się, jeśli to potrzebne! Nie kładźcie się spać, nie zaprowadziwszy pokoju, a tak będziecie żyć i spać pod działaniem błogosławieństwa Bożego! Zobaczycie różnicę. Ustaw też w twoim domu poświęcone przedmioty, każ poświęcić dom, a twoje życie się zmieni i będziecie lepiej chronieni.

— Dobrze, Mamo, natychmiast powieszę krucyfiks na swoim miejscu, tak żebyś miała radość z tego, że królujesz w moim pokoju.

— Dziękuję! Widzę też na komodzie fotografię twojej zmarłej teściowej. Czy zamówiłaś Msze św. w intencji jej duszy? Nie zaniedbuj tego więcej, nie wyobrażasz sobie łask, jakie otrzymasz, pomagając duszom czyśćcowym! Będziesz miała w ten sposób nowych orędowników, którzy pomogą ci w życiu tu, na ziemi.

— Teraz, Mamo, pozwól, że pokażę Ci moją jadalnię. Czy podoba się Tobie? Powierzam Ci ją, bądź Królową tego pokoju!

— Widzę, że kupiłaś piękne krzesła i masz duży stół. Tak jak mój Syn lubię duże stoły. Przypomina mi to posiłki, w czasie których mój Syn wzywał grzeszników do nawrócenia i gdzie ubodzy mieli swoje miejsce. Ale, widzisz, jestem trochę smutna. Wokół tego stołu nigdy nie widziałam ubogich i cierpiących, niewidomych, głuchych, chorych, niepełnosprawnych, bezdomnych…

— O Mamo, często czytałam ten fragment z Ewangelii, znam go prawie na pamięć, ale przyznaję, że nigdy nie myślałam o tym, by wcielić go w życie! Nigdy nie zapraszałam takich osób! Mamo, wstydzę się, jest mi przykro, obraziłam Twojego Syna! Ale mam pomysł: od dzisiaj to Ty będziesz zapraszać gości. Spytam Cię, kogo chcesz zaprosić i postaram się przyjąć przede wszystkim tych, którzy nie mogą mi nic ofiarować w zamian, dokładnie tak, jak mówi Jezus! Raduj się, będziesz Królową mojej jadalni!

— Teraz, Mamo, chodźmy do salonu. Jest tu przyjemnie, prawda? Co o tym myślisz?

— Jest tu dla was przyjemnie, ale nie dla mojego Syna… Dlaczego ustawiłaś telewizor w najbardziej widocznym miejscu? Czy nie przypominasz sobie mojego orędzia z Medjugoria: „Drogie dzieci, przygotujcie w waszych domach kącik modlitewny, gdzie będzie się modlić cała rodzina". Jeśli chcesz zachować jedność w rodzinie, najlepszym sposobem jest zebranie jej na modlitwę. Inaczej wróg, nie znajdując przeszkód dla swojego dzieła zniszczenia, przyjdzie zasiać ziarno niezgody. Ukradnie wam tę odrobinę pokoju, jaką macie i będzie miał upodobanie w podziałach. Zrób mały ołtarzyk, połóż na nim Biblię, krzyż, trochę wody święconej, ikonę.

— Mamo, już o tym myślałam, ale Ty wiesz, że jestem wciąż zajęta… Masz rację, przeniosę telewizor i przygotuję piękny kącik modlitewny!

— Zobacz, Mamo, tu jest telefon stacjonarny. Chcę, byś panowała także nad tym tak niezbędnym narzędziem. Co Ty na to?

— Dziękuję ci, że o tym pomyślałaś, bo przy pomocy telefonu można robić dużo dobra, ale i dużo zła. Jeżeli pozwolisz Mi panować nad twoim telefonem, mam dla ciebie dobrą wiadomość: twoje rachunki zmniejszą się o połowę!

— Tak? A dlaczego?

— Zastanów się! Jeżeli będę u twojego boku, gdy do kogoś będziesz dzwoniła, nie będziesz już mogła mówić brzydkich słów, unikniesz niepotrzebnej albo niezdrowej gadaniny, nie będziesz źle mówić o bliźnim, przestaniesz obmawiać! Wyobraź sobie, jaka to oszczędność czasu i pieniędzy! Jakaż to radość dla Mnie, która cierpię z powodu waszych telefonów stacjonarnych albo komórkowych! Z radością będę cię inspirowała do dobrych rozmów na chwałę Bożą. Poza tym, przypomnij sobie o swojej starej i chorej cioci, której nikt nie odwiedza. Dlaczego nie miałabyś do niej zadzwonić raz albo dwa razy w tygodniu? Jeżeli będę Królową twojego telefonu, zmienisz go szybko w narzędzie miłosierdzia! Mój Syn będzie zadowolony, bo — tak jak powiedział — „wszystko, co uczyniliście jednemu z tych braci moich najmniejszych, Mnieście uczynili" (Mt 25, 40).

— Och, Mamo, dlaczego nie poświęciłam Ci mojego domu wcześniej? Jesteś naprawdę Królową, troszczysz się o najdrobniejsze szczegóły naszego życia!

— Teraz chcę Ci pokazać płyty DVD i książki z naszej biblioteki. Czy chcesz rzucić na nie okiem? Co o nich myślisz?

— Masz wielki zbiór! Znaczna część tych DVD i książek jest dobra, ale widzę, że niektóre zawierają nieczyste i gwałtowne sceny. To mnie zasmuca, bo w ten sposób wprowadzasz ciemności do serc twoich dzieci, które są tak wrażliwe duchowo! Powinny odkrywać piękne rzeczy w stworzeniu, zachwycać się nimi, ale dlaczego wsączać im truciznę? Dlaczego podawać im teorie antychrześcijańskie, takie jak New Age i inne, zwłaszcza że nie są one jeszcze zdolne do rozeznawania? Proponuję ci wszystko przejrzeć i zrobić dwa stosy — jeden z tych, które zostawisz i które czynią dobrze, i drugi z tych, które wyrządzają zło i które powinny znaleźć się w śmietniku. Zniszcz to wszystko, nie ofiaruj innym, bo byłabyś odpowiedzialna za „zainfekowanie" braci i sióstr. Spal to wszystko! Mój Syn nie lubi kompromisów u ochrzczonych, którzy do Niego należą.

— Och, Mamo, mówiłam sobie często, że powinnam bardziej uważać, ale, widzisz, tak łatwo godzę się na kompromisy. Teraz, gdy będziesz tu ze mną mieszkać, będę miała siłę się zmienić.

— Mamo, gdybyś zechciała jeszcze rzucić okiem do skrzynki, w której trzymamy wartościowe przedmioty. Pragnę, byś panowała nad moimi dobrami materialnymi i nad finansami i nad wszystkim, co posiadamy.

— Drogie dziecko, dziękuję, że powierzyłaś Mi swoje pieniądze. Dobrze nimi zarządzasz, ale widzę, że często zapominasz o tym, co Pan głosi w Ewangelii, to znaczy, aby dawać dziesięcinę świątyni, to jest 10% twoich dochodów (por. Łk 11, 42). Nie ma już świątyni, ale ubodzy są wciąż wśród nas. Czasem dajesz pieniążek potrzebującym, ale mogłabyś więcej dla nich zrobić. Czy wiesz, czego Biblia uczy nas o jałmużnie? „Jałmużna wybawia od śmierci i nie pozwala wejść do ciemności" (Tb 4, 10). „Jałmużna uwalnia od śmierci i oczyszcza z wszelkiego grzechu" (Tb 12, 9). „Jałmużna gładzi grzechy" (Syr 3, 30). Zobaczysz, w jaki sposób Pan ci wynagrodzi! Nie żałuj więc nigdy tej dziesięciny. Myśl także o tych, którzy dziś są w utrapieniu, jest ich coraz więcej! Rodzina, która nie ma nic do jedzenia, matka w szpitalu, ojciec na bezrobociu, biedak, młody człowiek w potrzebie... Mogłabyś wyświadczyć tyle dobra! Jezus zwróci ci stokrotnie, ma On upodobanie w mnożeniu swoich nagród, kiedy dajemy darmo, nawet najmniejszą rzecz. Jeszcze za bardzo kalkulujesz, bądź hojna dając jałmużnę.

— Mamo, obiecuję Ci, że będę bardziej uważna, już odczuwam wielką radość na myśl o wybawieniu z kłopotu wielu osób. Dziękuję, że przypomniałaś mi słowa Twojego Syna!

— Mamo, pragnę Ci pokazać szafę z ubraniami na korytarzu. Co o niej myślisz?

— Widzę, że masz dobry gust, to zaleta. Ale mam jedną uwagę: ta sukienka, którą kupiłaś pewnego dnia... Czy przypominasz sobie myśli, jakie miałaś, wybierając ją?

— Tak, Mamo, przyznaję się do tego ze wstydem, uchybiłam skromności. Kupiłam ją z intencją, by uwodzić i przyciągać spojrzenia. Mogłam w ten sposób wywołać nieczyste myśli u niektórych. Dziękuję, że zwróciłaś na to uwagę! Widzisz, jak grzeszę, nie zdając sobie z tego sprawy! Już czas, bym przyznała Tobie miejsce Królowej. Mam pomysł: odtąd będziesz robiła zakupy razem ze mną i będziesz mi mówiła, co wypada kupić. Ponieważ jesteś najpiękniejszą niewiastą na świecie, nie mam się czego obawiać!

— Mamo, chodź, pokażę Ci mój garaż. Oto mój samochód. Poświęcę Ci go, abyśmy mogły razem przemierzać drogi życia.

— Moje dziecko, dziękuję ci, ponieważ nigdy nie miałam samochodu w Nazarecie, a nie ukrywam, że bardzo lubię prowadzić. Ileż to razy mówiłam to w Medjugoriu: „Drogie dzieci, jestem waszą Matką i chcę was wszystkich prowadzić do nieba". Dziękuję, że pozwalasz Mi kierować twoim życiem. Moje dziecko, ty naprawdę pozwalasz Mi prowadzić twój samochód?

— Tak, Mamo! Weź kierownicę i prowadź mnie tam, gdzie chcesz, gdzie chce tego Jezus!

— Moje drogie dziecko, widzę, że czasem jesteś zalękniona, myśląc o przyszłości. Wtedy masz często pokusę, by chodzić do wróżek, astrologów, jasnowidzów albo do tych, którzy wywołują złe duchy, czytając z kart i z gwiazd. Ileż to razy czytałaś z zaciekawieniem horoskop w gazecie. Zerwij z tym wszystkim! Wiedz, że gdy będę prowadzić twój samochód, jeśli będę kierować twoim życiem i zawsze stać u twojego boku, nie masz się czego obawiać. Teraz nie możesz znać przyszłości. Żyj chwilą obecną w głębokim pokoju, nie bojąc się niczego! Gdy zapada noc i już nic nie widzisz, ja widzę! Jeśli jedziesz samochodem nocą, latarnie oświetlają tylko ten odcinek drogi, który masz przebyć, nie widzisz całej drogi, inaczej byłabyś całkiem zagubiona, nie mogłabyś przyswoić sobie wszystkich informacji i straciłabyś wątek. Chcę zawrzeć z tobą umowę: będę ci zawsze dawać niezbędne światło, abyś szła naprzód w pokoju, bylebyś tylko miała bezwzględne zaufanie do Mnie. Zgoda? Poza tym, czyż nie jestem twoją Królową?

— Bardzo ci dziękuję, że pozwoliłaś Mi wejść do twojego domu, w twoje życie i że zgodziłaś się na moje panowanie. Zawsze zapewnię ci moje błogosławieństwo.

Drodzy przyjaciele, jeśli podejmiemy mocne postanowienie przyjęcia Matki Najświętszej na naszą Królową, Ona nam pobłogosławi! Możemy wszystko Jej powierzyć i poświęcić Jej nasze życie, naszych bliskich, nasz dom, naszą pracę i wszystkie nasze dobra, aby u nas królowała. Nie będziemy zawiedzeni.

Droga Mamo, dziękuję Ci, że jesteś naprawdę moją

Królową! Przyjmuję Cię do mojego życia z pełnym zaufaniem. Wszyscy do Ciebie należymy, droga Mamo, i kochamy Cię nieskończoną miłością.

Tajemnice współczucia

Współczucie nie rodzi się w sercu w 24 godziny! Jak czysta woda powoli do niego przenika, pomału ogarnia całą ludzką istotę i rodzi zachowanie, które może poprowadzić bardzo daleko. Chodzi o to, by dać się ogarnąć nowym bólem, bólem naszego bliźniego, bólem, który sprawia, że cierpimy, ale który ma w sobie słodycz miłości. *„Cum patior"*, „cierpię z", oto sens słowa współczucie, które oznacza jedno z najszlachetniejszych uczuć ludzkiego serca, uczucie godne szlachetności Chrystusa, przeciwieństwo lodowatej obojętności, która degraduje człowieka. Ten dzielony z innymi ból, upragniony spośród wszystkich, pozwala duszy wzrastać w miłości i otrzymać większą chwałę w niebie.

Ewangelia przytacza nam liczne przykłady prawdziwego współczucia. Dlaczego więc nie naśladować św. Jana Pawła II, który, w swej zuchwałości, zechciał ubogacić klasyczny różaniec nowymi tajemnicami wziętymi z Ewangelii — tajemnicami światła? Dlaczego nie wybrać pięciu epizodów z życia Jezusa, w których przyłapujemy go na „gorącym uczynku" współczucia?

Nie ma miłosierdzia bez współczucia, bowiem współczucie jest przedsionkiem miłosierdzia. Tak więc, aby lepiej przejść przez bramę miłosierdzia, jedyną bramę, która daje dostęp do nieba, uczmy się, poprzez spojrzenie Maryi, w jaki sposób Jezus okazywał swoje współczucie wobec otaczającego Go ludu, bierzmy z Niego przykład! Czyż nie to jest pragnieniem naszego serca i celem naszego życia, by być do Niego podobnymi we wszystkim i ukształtowanymi na Jego wzór, tak jak tylko to jest możliwe? Stajemy się bowiem tym, co kontemplujemy…

PIERWSZA TAJEMNICA WSPÓŁCZUCIA

miłosierny Samarytanin

Pierwsza tajemnica współczucia spotyka nas na drodze, która prowadzi z Jerozolimy do Jerycha. Jezus spotyka uczonego w Prawie, który pyta: „Nauczycielu, co mam czynić, aby osiągnąć życie wieczne?" (ŁK 10, 25–37). Jezus odpowiada mu: „Co jest napisane w Prawie?" On rzekł: „Będziesz miłował Pana Boga swego całym swoim sercem, całą swoją duszą, całą swoją mocą i całym swoim umysłem, a swego bliźniego jak siebie samego". Jednak ten uczony w Prawie stara się usprawiedliwić i nalega: „A kto jest moim bliźnim?" Jako odpowiedź Jezus opowiada tę poruszającą przypowieść:

„Pewien człowiek schodził z Jeruzalem do Jerycha i wpadł w ręce zbójców. Ci nie tylko go obdarli, lecz jeszcze rany mu zadali i zostawiwszy na pół umarłego, odeszli. Przypadkiem przechodził tą drogą pewien kapłan, zobaczył go i minął. Tak samo lewita, gdy przyszedł na to miejsce i zobaczył go, minął. Pewien zaś Samarytanin, (cudzoziemiec, który nie był we wspólnocie żydowskiej) wędrując, przyszedł również na to miejsce. Gdy go zobaczył, wzruszył się głęboko" i zaraz przystąpił do działania. Zatrzymał się, by mu pomóc. Co stało się w sercu tego Samarytanina? Po prostu wziął na siebie cierpienie tego człowieka.

Liczni są ci, którzy doświadczają współczucia: trudno jest widzieć chorego, człowieka, który cierpi, nie czując się poruszonym. Jednak prawdziwe współczucie nie polega tylko na doświadczeniu jakiegoś uczucia, wymaga ono działania, aby złagodzić ból tego, który cierpi, tak jak tylko jest to dla nas możliwe.

Samarytanin, gdy spotyka tego nieznajomego, jest tak bardzo poruszony jego cierpieniem, że zapomina o całej reszcie. Przybliża się do niego i nie tracąc czasu, działa tak, jakby był on jego synem.

Przeanalizujmy chronologię tych działań, tak jak jest to przedstawione w Ewangelii — jest ich dziesięć.

1. Zobaczył go i ogarnęło go współczucie. 2. Zbliżył się do niego. 3. Opatrzył jego rany, zalewając je oliwą i winem. 4. Zawiązał je. 5. Wsadził go na swoje bydlę. 6. Zaprowadził go do gospody. 7. Pielęgnował go. 8. Następnego dnia wyjął dwa denary. 9. Dał je gospodarzowi. 10. Rzekł: „Miej o nim staranie, a jeśli co więcej wydasz, ja oddam tobie, gdy będę wracał". Warto zatrzymać się na tej ostatniej części. Rzeczywiście, Samarytanin podejmował wielkie ryzyko, bo właściciel gospody mógł go wykorzystać i przedstawić mu zawyżony rachunek.

Uczucie, które daje mu Duch Święty, rozpala tak bardzo jego serce, że w ogóle nie myśli o skutkach swojego wyboru, nie liczy się z ryzykiem ani ze swoją niekorzystną sytuacją. Nie daje się też zatrzymać temu, że działając w ten sposób, naraża się na ewentualne zakażenie. To pozwala nam zrozumieć, że przeciwieństwem współczucia jest obojętność.

Otóż szatan jest ekspertem, gdy chodzi o odebranie nam

wszelkich form współczucia i wprowadzenie nas w obojętność. Gdy tylko w naszym sercu rodzi się natchnienie do miłosierdzia, współczucia czy przebaczenia, natychmiast jesteśmy bombardowani przez myśli, które neutralizują nas na polu walki duchowej: nie mam czasu, to nie jest właściwa chwila, za drogo by mnie to kosztowało, kto wie, co mi się przytrafi, jeżeli to zrobię, ta osoba na to nie zasługuje, nie jestem do tego zdolny, jest za późno, jest za wcześnie, on to wykorzysta, nic o nim nie wiem itd.

Ewangelia ta jest bardzo piękna, bo Jezus, zarazem będąc wymagającym, daje jasne pouczenia. Zachęca nas wszystkich do tego, o co prosi uczonego w Prawie: „Idź i ty czyń podobnie!" Jezus nie mówi mu, żeby czynił tylko połowę, jedną czwartą albo trzy czwarte, nie! „Czyń tak samo, a będziesz miał życie wieczne". Zdobyczą jest więc życie wieczne. Im bardziej będę dawał dowody współczucia, zbliżając się do cierpienia mojego brata, tym więcej otrzymam w zamian obiecanego szczęścia, zadatku prawdziwego życia, pokoju, radości, miłości i tym będę bliższy Jezusowi, tym bardziej będę źródłem miłości dla bliźnich.

Uczony w Prawie chciał wiedzieć, kto jest jego bliźnim i odpowiedź Jezusa jest jasna: twój bliźni nie istnieje, bo każdy człowiek jest twoim bratem. Ale prawdziwy bliźni to ty, kiedy przybliżasz się do twojego brata, aby dzielić jego cierpienie i przynieść mu ulgę. Gdy jesteś tym, który okazuje miłosierdzie, wówczas to ty stajesz się bliźnim twojego brata.

Posłużmy się przykładem Matki Teresy z Kalkuty. Opuściła ona klasztor sióstr loretanek, gdzie miała wszystko: szczęście, pożywienie, poczucie bezpieczeństwa, ciepło wspólnoty i możliwość wzrastania w świętości. Ale, idąc za szczególnym wezwaniem Boga, znalazła się sama na zaludnionej ulicy

Kalkuty, bez niczyjej pomocy, wyłącznie z miłości do ubogich i konających.

Inny piękny przykład współczucia daje nam św. Joanna Beretta Molla. Była ona w ciąży i zaczęła mieć poważne kłopoty ze zdrowiem. Ponieważ była lekarzem, dobrze wiedziała, co ją czeka, musiała dokonać wyboru między swoim życiem, a życiem dziecka, które nosiła w swoim łonie. Wyobraźcie sobie ten dylemat! Miała już kilkoro dzieci — jeszcze małych. Jednak nie zawahała się ani przez chwilę, wybrała ratowanie życia tego małego stworzenia, które nosiła w swoim łonie i którego nigdy nie widziała.

Myślę także o przyjaciółce Francuzce, wspaniałej mistyczce jeszcze mało znanej, matce Yvonne Aimée de Malestroit. Podczas drugiej wojny światowej kierowała szpitalem i bardzo współczuła wszystkim żołnierzom, którym groziło wywiezienie do obozów koncentracyjnych. Sprzeciwiała się nazistom i ukrywała żołnierzy alianckich poszukiwanych przez Gestapo czyniąc tak, by uchodzili za chorych objętych hospitalizacją. Wiedziała, że jeśli zostałaby odnaleziona, byłaby torturowana, a nawet zabita. Nie myślała jednak o swoim własnym życiu, lecz zajmowała się raczej beznadziejnym położeniem tych mężczyzn, którym groziła śmierć. Spalała się, aby ich uratować i wymyślała wyrafinowane plany, aby ukryć ich pod habitami hospitalizowanych sióstr zakonnych.

Pomyślmy także o dwojgu wielkich świętych, o siostrze Faustynie Kowalskiej i o ojcu Pio z Pietrelciny, których Bóg obdarzył darem czytania w duszach. Oto inny sposób doświadczania współczucia. Gdy siostra Faustyna spotykała na korytarzu osobę w stanie grzechu śmiertelnego, natychmiast odczuwała ból stygmatów w swoim ciele i duszy, tak bardzo była zjednoczona z Jezusem.

Tak samo ojciec Pio nosił w swym ciele i sercu znaki Męki Chrystusa, stygmaty na rękach, stopach i boku i były to znaki wielkiego współczucia Jezusa dla grzeszników. Prorok Izajasz wyraża to we fragmencie o cierpiącym słudze: „Spadła nań chłosta zbawienna dla nas, a w Jego ranach jest nasze uzdrowienie" (Iz 53,5). Do czego posuwało się współczucie Jezusa!

Tymczasem prawdziwe współczucie nie unicestwia nikogo: Matka Boża stała pod krzyżem. Pomimo swoich boleści ojciec Pio przesiadywał godzinami w konfesjonale. Nie spędzał czasu w łóżku, uskarżając się: „Ach, jak ja cierpię!" Przeciwnie, ciągle działał i to, że dzielił cierpienie bliźniego, radowało go. Był radosny i lubił pożartować sobie z ludźmi. Prawdziwe współczucie upiększa duszę. Jeśli ktoś doświadcza w swoim sercu autentycznego współczucia, jego twarz promieniuje światłem, miłością i pięknem!

My, którzy kochamy Jezusa i którzy chcemy pomagać Mu zbawiać dusze modlitwą i ofiarą, możemy prosić o łaskę współczucia. Zwróćmy się w tej sprawie do Matki Najświętszej, najbardziej współczującej ze wszystkich stworzeń. Jest Ona także nazywana Matką Bolesną, ponieważ doświadcza wszystkich naszych cierpień, chorób i smutków. Podczas wojny bałkańskiej, kiedy to w dawnej Jugosławii srożyło się straszne zniszczenie, Maryja przekazała takie orędzie: „Drogie dzieci, wasze cierpienie jest też moim cierpieniem" (25 KWIETNIA 1992 ROKU). Wie Ona, kiedy serce jest zranione zdradą lub porzuceniem. Odczuwa wszystko.

W tej tajemnicy prośmy Maryję, Matkę Bolesną, o dar współczucia, o dar umiejętności życzliwego i pozytywnego patrzenia na tych, którzy nas otaczają, o dar spojrzenia, które nie osądza, nie krytykuje ani nie podkreśla wad; spojrzenia, które będzie skłaniało nas do działania i do ofiary. Oby nasze serce mogło zrozumieć, co przeżywa brat lub siostra, którą spotykamy, jakie jest jej ukryte bądź widoczne cierpienie i co musiała znieść w przeszłości. Upodabniajmy się do naszego Ojca niebieskiego: „Bądźcie miłosierni, tak jak Ojciec wasz jest miłosierny" — mówi Jezus, Przyjaciel ludzi! (Łk 6,36) Tak, prośmy o tę łaskę Matkę Najświętszą!

DRUGA TAJEMNICA WSPÓŁCZUCIA

Wdowa z Naim i wskrzeszenie jej syna

Udajemy się do Galilei, do tej Galilei narodów, o której napisano: „Lud, który siedział w ciemności, ujrzał światło wielkie, i mieszkańcom cienistej krainy śmierci wzeszło światło" (MT 4,16). Zbliżamy się do małego miasteczka Naim. Jak zwykle za Jezusem idzie wielki tłum i Jego uczniowie. Wchodząc do miasteczka spotykają inny orszak, który towarzyszy wdowie (POR. ŁK 7,12).

Ta kobieta straciła swojego jedynego syna. Jezus przygląda się temu żałobnemu orszakowi, który udaje się na cmentarz. Koncentruje się na tej ubogiej wdowie i na jej tragicznym położeniu: współczucie rodzi się zawsze ze spojrzenia. Mierzy spojrzeniem tę kobietę, wie, że jest wdową i że wiele wycierpiała z powodu śmierci męża. Wie o niej wszystko. Strata współmałżonka jest szczególnie bolesna, rani serce do żywego, ponieważ sakrament małżeństwa sprawia, że małżonkowie stają się jednym ciałem na całe życie.

Jezus patrzy więc na nią długo i co wydarza się w jego sercu? Szok. Widzi On z góry swą własną Matkę w tym samym położeniu. Matka Najświętsza straciła swojego męża,

Józefa, i wkrótce straci swego jedynego Syna. Jezus jest głęboko wzruszony. Jest On Stwórcą, Tym, który stworzył w cudowny sposób miłość macierzyńską. Jest On świadom jej znaczenia. Jako Syn Boży zechciał mieć Matkę na ziemi, zechciał narodzić się z łona Matki, zakosztował czułości i miłości, jaka łączyła Go z Matką, doznawał tego w prostej rodzinie przez trzydzieści lat.

Współczucie, jakiego doświadcza Jezus, jest bez granic. Ma On udział w naszych boleściach i każde nasze cierpienie rezonuje w Nim na niewyobrażalnych głębinach. Gdy widzi nasze łzy, Jego serce zwraca się ku nam. Później w Ewangelii powie do Marii Magdaleny, która udała się do grobu, aby namaścić Jego ciało i oddać Mu ostatni hołd: „Czemu płaczesz? Kogo szukasz?" Już od czasu Betanii, od czasu śmierci Łazarza, Jezus wzrusza się widząc łzy Marty i Marii. Dziś Jezus się nie zmienił, jest ogarnięty tym samym współczuciem w stosunku do nas, gdy tracimy ukochaną osobę.

Na widok tej zapłakanej kobiety, Jezus wie, że ma moc, by jej pomóc i zaraz przechodzi do działania. Nosi w sobie moc Stwórcy, który sprawił, że świat zaistniał przez Jego słowo. Co czyni? Dotyka trumny i mówi do chłopca: „Wstań" (w greckiej wersji — zbudź się) i przywraca go żywego jego matce.

Gdy przeżywamy żałobę, Zły wykorzystuje naszą podatność na zranienie i stara się popchnąć nas ku rozpaczy, a przynajmniej ku głębokiemu zniechęceniu. Skłania nas do buntu przeciwko Bogu, do powątpiewania w Jego miłość i do myślenia, że nasz los jest niesprawiedliwy. W ten sposób wdowa z Naim, pozbawiona swego syna, mogłaby myśleć: jestem starsza od niego, powinnam umrzeć przed nim, to on był podporą rodziny. Myśląc o odejściu ukochanego człowieka, możemy również być osaczeni przez lęk o przyszłość, czy zazdrościć innej kobiecie, która wciąż ma męża i syna. Możemy być ogarnięci zazdrością, depresją albo pragnieniem śmierci. Jednak Jezus chce oszczędzić wdowie wszystkich tych udręk i zwraca jej syna. Przejawia wobec niej aktywne współczucie, czyni wszystko, co w Jego mocy i ofiaruje jej najlepszy prezent. Czyż nie ma On władzy wskrzeszenia umarłych?

Ale pocieszając wdowę w jej wielkim nieszczęściu, Jezus ofiaruje także temu młodemu człowiekowi okazję drugiej szansy. Wiemy, że w chwili naszej śmierci Bóg objawi się nam takim, jaki jest, wszystko będzie przedstawione w prawdzie i zobaczymy całe nasze życie jak na filmie.

Myślę tu o doświadczeniu pewnego włoskiego kapucyna, brata Daniela Natale, który żył w San Giovanni Rotondo, w klasztorze ojca Pio w latach czterdziestych ubiegłego wieku. Dotknięty ciężką chorobą żołądka był bliski śmierci. Jednak ojciec Pio, który bardzo go kochał, powiedział do niego: „Nie umrzesz, udaj się na operację do kliniki i bądź spokojny!" Został przyjęty do szpitala i zoperowany, ale umarł niedługo po operacji. Bardzo zdumieni bracia uprzedzili ojca Pio, który modlił się za niego i brat Daniel został wskrzeszony kilka godzin po wystawieniu świadectwa zgonu. Wtedy spadła na niego cała lawina pytań na temat tego, co przeżył w chwili śmierci. Wyjaśniał, że po podniosłym spotkaniu z Jezusem musiał pójść do czyśćca, bo nie był jeszcze gotowy. Dodał, że największym jego bólem było zobaczenie tego, że spełnił tylko część planu świętości, jaki Bóg dla niego przygotował, wezwany był bowiem do wielkiej świętości. Był niejako przeszyty mieczem boleści, bo — jak mówił — było już za późno na poprawę. Rzeczywiście, mamy tylko jedno życie na ziemi. Ale ojciec Pio modlił się za niego i wyjednał mu łaskę drugiej szansy. Brat Daniel powrócił na ziemię i po przeżyciu swojego doświadczenia życia pozagrobowego, radykalnie zmienił swoje życie i od tej pory świadczył przykładną miłością wobec wszystkich. Dziś trwa jego proces beatyfikacyjny. Brat Daniel nie zmarnował swojej drugiej szansy!

A jak sprawa się ma z synem wdowy? Gdy został wskrzeszony, mamy wszelkie podstawy, by sądzić, że on także mógł opowiadać najbliższym o swojej przygodzie w życiu pozagrobowym i jak bardzo wartości niebieskie różnią się od wartości ziemskich. Mamy podstawy, by sądzić, że zmienił on swój sposób życia i wykorzystał lata swojej drugiej szansy w jak najlepszy sposób. Bowiem wobec objawienia Bożego każdy człowiek, tak ubogi, jak i bogaty, stary czy młody, grzesznik czy sprawiedliwy, zrozumie kiedyś że tylko miłość miłosierna pozostaje na wieczność, a cała reszta znika tak jak śnieg na słońcu.

Rodzice, którzy stracili dziecko, nie mogą dziś spotkać Jezusa na zakręcie drogi i widzieć swoje dziecko wskrzeszone. Pewne małżeństwo przygniecione śmiercią swego małego dziecka, odwiedziło czcigodną Służbę Bożą Martę Robin mając nadzieję, że znajdą u niej trochę pocieszenia. Powiedziała ona do nich: „Jesteście rodzicami świętego, który jest w niebie i uczestniczycie w odkupieniu świata".

Jest ważne, by rzucić światło na nieporozumienie, które występuje dziś często na zachodzie. To wiara w reinkarnację. Otóż w Liście do Hebrajczyków problem ten jest jednoznacznie naświetlony: „A jak postanowione ludziom raz umrzeć, potem zaś sąd, tak Chrystus raz jeden był ofiarowany dla zgładzenia grzechów wielu, drugi raz ukaże się nie w związku z grzechem, lecz dla zbawienia tych, którzy Go oczekują" (Hbr 9, 27–28). Na początku objawień Matka Boża ze swej strony zabrała Vickę i Jakova do nieba, czyśćca i piekła.

wdowa z Naim i wskrzeszenie jej syna

Gdy stamtąd powrócili, poprosiła ich, by mówili innym, że po śmierci jest wieczność". W innym orędziu Maryja mówi: „Idziemy do nieba z pełną świadomością, taką, jaką mamy teraz. W chwili śmierci jesteśmy świadomi rozdzielenia duszy i ciała. Błędem jest uczenie ludzi, że rodzimy się kilka razy i że przybieramy różne ciała. Rodzimy się tylko raz. Ziemskie ciało rozkłada się po śmierci. Nigdy nie ożyje. Człowiek otrzymuje ciało przemienione" (24 lipca 1982 roku).

A ojciec Cantalamessa, kaznodzieja Jana Pawła II i Benedykta XVI, oświadczył: „Śmierć nie jest murem, ale bramą".

Zanim poprosimy Jezusa i Maryję o dar współczucia tym, którzy cierpią z powodu straty ukochanej osoby, przyjrzyjmy się bardzo rozpowszechnionej w naszych czasach żałobie, żałobie mamy, która dokonała aborcji. Ten czyn zadaje głęboką ranę duszy matki. Odrzuciwszy owoc swojego łona aż do usunięcia go, będzie ona zdestabilizowana w swej najgłębszej istocie i automatycznie dojdzie do pogardzania samą sobą. Wiele kobiet, które dokonały aborcji, doświadcza upartego smutku, który czasem wywołuje myśli samobójcze. W Medjugoriu Królowa pokoju poprosiła grupę modlitewną, by otoczyć wielką miłością matki, które usunęły ciążę i doprowadzić do tego, by natychmiast pojednały się one z Bogiem przez dobrą spowiedź. W rzeczywistości „aborcja jest ciężkim grzechem — mówi Maryja — bo jest to zabicie ludzkiej istoty. Módlcie się, dzieci, by na świecie już nie było takich matek!"

Ileż matek dokonuje aborcji ze strachu albo z powodu prania mózgów oferowanego przez naszą cywilizację śmierci, która zło nazywa dobrem. Ileż robi to z egoizmu albo z namowy

---

Zob. *Le triomphe du coeur* autorstwa Siostry Emmanuel, gdzie są relacjonowane epizody z tej niepowtarzalnej podróży do innego świata.

towarzysza lub męża, którzy narzucają im straszny wybór: albo ono, albo ja. Bardzo często nacisk jest tak duży, że wybierają one wbrew sobie zabicie dziecka, pewne, że w ten sposób zachowają dla siebie ojca. Jest to katastrofalna pułapka! Jak można by było zapewnić przyszłość rodzinie i budować jedność małżeńską na krwi bezbronnego i niewinnego dziecka? Zgadzając się na tę umowę większość kobiet traci zarazem dziecko i ojca dziecka...

Otwórzmy nasze serca na współczucie dla tych mężczyzn i kobiet z naszego zdezorientowanego pokolenia! Przez modlitwę, post i ofiarę, a czasami przez słowo, możemy ochronić życie i pomóc tym mamom. Ta, która jest Matką życia, będzie tym bardzo pocieszona. Usunięcie dziecka jest dla Niej ogromnym bólem.

Ofiarujmy Maryi tę dziesiątkę w intencji matek dręczonych pokusą aborcji, jak i w intencji tych, które już tego dokonały. Oby mogły one przyjąć łaskę umiłowania życia i uzdrowienia rany, którą noszą w swoich sercach. O Jezu, napełnij nas Twoim nadprzyrodzonym współczuciem, Ty, który przyszedłeś nie po to, by sądzić, ale by zbawiać. Przywróć życie tym wszystkim, którzy są w tym świecie jak nieżywi choć żyjący, zamknięci w odrażających grobach materializmu i oddaj ich Twojej Matce, która jest także naszą Matką. O Jezu, przywróć ich do życia, niech będą jak strumienie na pustyni, a nasze usta niech będą pełne śmiechu i niech śpiewają pieśń!

TRZECIA TAJEMNICA WSPÓŁCZUCIA

Weronika ociera oblicze Jezusa

Powracamy teraz do Jerozolimy i włączamy się w małą grupkę, która towarzyszy Jezusowi na drodze Kalwarii. Historii Weroniki nie ma w Ewangelii, należy ona do dawnej historii chrześcijaństwa, która objawia nam piękno ludzkiego serca i jego zdolność do miłości. Daje nam ona najbardziej poruszający przykład czynnego współczucia. Ta nieustraszona kobieta umiała sprzeciwić się rzymskim żołnierzom, aby przybliżyć się do Jezusa na własne ryzyko i otrzeć zakrwawione oblicze swojego Pana. Kościół obchodzi jej święto 4 lutego, byśmy wzięli ją za przykład.

W rękopisach wielkiej mistyczki francuskiej, sługi Bożej Marty Robin, znajdujemy nieoceniony skarb, jakim są informacje o osobach uczestniczących w Męce Jezusa. Marta bowiem przeżywała Mękę Jezusa każdego tygodnia przez pięćdziesiąt lat — w swoim ciele i w swojej duszy. Widziała składające się na nią sceny i opisała je dokładnie. Marta mówi, że Weronika to fikcyjne imię, które zostało jej nadane, aby przypomnieć jej gest. Z wyrażenia *„vera icona* — prawdziwa ikona" powstała Veronica, po polsku Weronika. W rzeczywistości nazywała się ona Serafia, była kuzynką Matki Bożej niewiele starszą od Niej, a więc ciotką Jezusa.

Serafia poślubiła mężczyznę wysoko postawionego w Jerozolimie, z którym miała dwoje dzieci. Jednak za czasów rzezi niewiniątek dokonanej przez Heroda jej dzieci zostały zabite i Serafia zaadoptowała małą dziewczynkę. Bardzo kochała Jezusa, a nawet uwielbiała Go. Kiedy Jezus, w wieku dwunastu lat, pozostał w Świątyni z uczonymi w Prawie bez wiedzy Rodziców, to właśnie ciocia Serafia przynosiła mu jedzenie i zajmowała się Nim. Niestety, kiedy Jezus rozpoczął życie publiczne, jej mąż zaczął uważać Go za szarlatana, nie znosił Go i zabraniał żonie słuchania Go. (Jednak aby wyprzedzić dobrą nowinę, wiedzcie, że po zmartwychwstaniu Jezusa nawrócił się, tak że Serafia wraz z mężem stali się wspaniałymi świadkami w rodzącym się Kościele).

Zakaz widywania i słuchania Jezusa był dla Serafii cierpieniem nie do zniesienia i pozostając u siebie, starała się zdobywać informacje o jej ukochanym Jezusie. Potem nastał Wielki Piątek. Gdy dowiedziała się, że Piłat skazał Jezusa na śmierć, czuła się jak więźniarka u siebie z powodu swojego męża, ale z tarasu mogła słyszeć odgłosy konduktu żałobnego, który posuwał się wolno na jerozolimskiej *Via dolorosa*. Serafia pragnęła tylko jednego — spotkać Jezusa, zanim zostanie powieszony na krzyżu. Nie mogła już wytrzymać w domu i wiedząc, że Jezus umiera z pragnienia, zdecydowała się wyjść Mu na spotkanie. Co mogła zrobić, by ulżyć Mu w cierpieniu? Podała swojej córce buteleczkę ze smacznym, alkoholizowanym napojem, aby ugasić Jego pragnienie. Wzięła też lnianą serwetę, aby zwilżyć Jego Najświętsze Oblicze i uciekła z domu bez wiedzy męża.

Wreszcie dotarła do konduktu, ale jak obejść przeszkodę, jaką stanowiły konie i żołnierze uzbrojeni we włócznie i łańcuchy? Jak dotrzeć do Jezusa? Ryzykując życiem zaczęła biec i cudem udało się jej zbliżyć do Jezusa. W ten sposób działa miłość: nie widzi przeszkód, nie hamuje jej lęk. Jednak jej córeczce nie udało się zbliżyć do Jezusa. Jeden z żołnierzy popchnął ją i upuściła buteleczkę przeznaczoną dla Jezusa.

Teraz Serafia stoi przed Jezusem i patrzy na Niego. W tej Bożej chwili najważniejsza jest wymiana spojrzeń miłości Serafii i Jezusa. Spojrzenia te mogą wszystko, mówią wszystko, zawierają wszystko. Jezus, jakiego widzi Serafia, nie jest tym samym Jezusem, którego znała. W Ogrodzie Getsemani pocił się krwią i Jego twarz stała się czerwona. Na głowie ma cierniową koronę. Jest opluty, pokryty pyłem, a nawet odchodami zwierząt, gdyż kilka razy upadał w czasie drogi, bo w tamtych czasach takie były wąskie dróżki Jerozolimy. Jego twarz obrzękła i nie do poznania z powodu razów zadanych przez żołnierzy nocą w więzieniu. Mimo to majestat Jego głęboko boskiego spojrzenia trwa w tajemniczy sposób i spotykając to spojrzenie, Serafia ociera Jego oblicze z wielką czułością, oczyszcza je z plwocin, pyłu i krwi w rekordowym czasie. Jest to gest doskonałej miłości, pochodzący w pełni od Ducha Świętego. Jakież to pocieszenie dla Jezusa! Prorok Izajasz, który proroczo kontemplował Syna Bożego w Jego Męce, bardzo dobrze opisuje zniekształcone oblicze cierpiącego Sługi (POR. Iz 53). „Nie miał on wdzięku ani też blasku, aby [chciano] na niego popatrzeć, ani wyglądu, by się nam podobał. Wzgardzony i odepchnięty przez ludzi, Mąż boleści, oswojony z cierpieniem, jak ktoś, przed kim się twarz zakrywa". Wobec tego gestu doskonałej miłości, który przyniósł Mu tyle pokrzepienia, Jezus dokonuje w zamian podwójnego cudu, nie tylko odbija swe boskie Oblicze na tkaninie należącej do Serafii, ale składa też w jej sercu nieco niezwykłej miłości, która już nigdy jej nie opuści.

Ta lniana tkanina przechowywana przez Kościół od początku, znajduje się dziś w bazylice św. Piotra w Rzymie, pod kopułą, obok prawej kolumny, tuż pod figurą Weroniki. Materiał ściemniał od tamtej pory, ale w 1848 roku miał miejsce cud na oczach wszystkich obecnych. Według tradycji, tkanina była wystawiana na widok publiczny w Wielki Piątek. Jednak z powodu jej ciemnego koloru nie można było rozpoznać oblicza Jezusa. Ale nagle rozjaśniła się ona i wszyscy mogli przez kilka chwil podziwiać Najświętsze Oblicze Chrystusa, zanim nie ściemniała ponownie.

Ale powróćmy do Serafii. Po jej tak odważnym geście miłości, została odepchnięta wraz z córką przez żołnierzy. Dziecko nie mogło więc przynieść żadnej ulgi Jezusowi, któremu dokuczało straszne pragnienie; było ono dlań torturą, tak że zawołał z krzyża: „Pragnę!".

Weronika uczy nas ze znawstwem prawdziwej kontemplacji. Im dłużej kontemplowała Jezusa, tym większe stawało się jej współczucie dla Niego. Im bardziej łączyła się z Jego bólem, tym bardziej odczuwała potrzebę przyjścia Mu z pomocą. O, gdybyśmy wiedzieli, do jakiego stopnia pomagamy Jezusowi, gdy kontemplujemy Go w Jego Męce ze szczerą miłością! Weronika jest tego świadkiem. Im bardziej kontemplujemy Jezusa w Jego wyniszczeniu i uniżeniu, tym bardziej przekazuje nam On swoje nadprzyrodzone piękno i tym bardziej odbija w naszej duszy swój boski obraz. Cóż za cud! Lniana tkanina staje się symbolem Bożego działania, które ma miejsce, gdy kontemplujemy Jezusa w Jego Męce. Jezus zwierzył się św. Faustynie: „Córko moja, współczucie twoje dla mnie jest mi ochłodą, dusza twoja nabiera odrębnej piękności przez rozważenie męki mojej" (Dzienniczek, nr 1657, s. 444).

Nie omieszkajmy pozwolić Duchowi Świętemu dokonać

w nas tego cudu. Kontemplując Mękę Jezusa przyoblekamy piękno, miłość i czułość, aż zostaniemy przebóstwieni. Poprzez nasze spojrzenie miłości, które na Nim spoczywa i poprzez Jego spojrzenie, które spoczywa na nas, przekazuje nam On ów największy skarb, słynny skarb, o którym mówi w Ewangelii i który musimy gromadzić sobie w niebie (por. Mt 6, 20).

Światło zaczerpnięte ze spojrzenia Jezusa pozwala nam także rozpoznać Go w ubogich czy w rozbitkach, których spotykamy na naszej drodze. Ale nie dajmy się oszukać! Bądźmy czujni, bo ubóstwo to nie jest tylko cechą żebraków, chorych, niepełnosprawnych czy osób w bardzo podeszłym wieku. Nie, można je znaleźć także u osób bogatych i pozornie mocnych, u tych, którzy mają wysoką pozycję społeczną, pracę, dobre imię, pociągający wygląd. Jezus zachęca nas do okazywania współczucia wobec wszystkich, tak wobec bogatych, jak i ubogich, bo w rzeczywistości wszyscy jesteśmy ubodzy, nawet jeśli niektórzy jeszcze o tym nie wiedzą. Czasem ubóstwo doskwiera bardziej bogatym niż ubogim! Wystarczy policzyć przypadki samobójstw wśród bogatych. Zewnętrzne błyskotki czynią wewnętrzne strapienie jeszcze bardziej nieznośnym. Ileż modelek i aktorów filmowych popełnia samobójstwo! Czasem nie domyślamy się wewnętrznego chaosu u tych, którzy błyszczą przed ludźmi swym bogactwem.

W tej dziesiątce prośmy Matkę Bożą, aby dała nam swoje spojrzenie, które potrafi rozpoznać piękno duszy pośród wszystkich jej cierpień, a nawet upadków. Dołóżmy starań, by spotkać duszę Jezusa i by ugasić pragnienie Jego serca. Niech św. Weronika pomoże nam swoją modlitwą utkwić adorujące spojrzenie w Tym, który, współczując nam, zgodził się stracić wszystko. Aby ubogacić nas samym sobą. Przyjdźcie, oddajmy Mu chwałę!

CZWARTA TAJEMNICA WSPÓŁCZUCIA

serce Pasterza

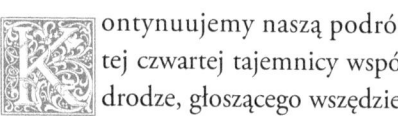ontynuujemy naszą podróż przez życie Jezusa i w tej czwartej tajemnicy współczucia widzimy Go w drodze, głoszącego wszędzie królestwo Boże.

Wielkie jest Jego współczucie dla tłumów! „Tak Jezus obchodził wszystkie miasta i wioski. Nauczał w tamtejszych synagogach, głosił Ewangelię o królestwie i leczył wszystkie choroby i wszystkie słabości. A widząc tłumy, litował się nad nimi, bo byli znękani i porzuceni, jak owce nie mające pasterza. Wtedy rzekł do swych uczniów: Żniwo wprawdzie wielkie, ale robotników mało. Proście Pana żniwa, żeby wyprawił robotników na swoje żniwo" (Mt 9, 35–38).

Ale uwaga! Jezus nie widzi tłumu jako całości, widzi każdą osobę taką, jaką ją stworzył. „Nie zapominajcie, drogie dzieci, że każde z was jest niepowtarzalnym światem przed Ojcem niebieskim" — mówi Maryja (2 maja 2016 roku). Zna On nasze potencjalne możliwości, by zostać świętymi, w które wyposażył każdego z nas. Oczami serca Jezus widzi możliwość, by ten tłum stał się ludem świętym, który idzie z Nim wszędzie! Pismo Święte objawia nam ileś razy to wielkie marzenie Boga, marzenie odwieczne: „Wy będziecie moim narodem, a ja będę waszym Bogiem" (Jr 30, 22); Ja będę waszym Pasterzem, a wy będziecie moimi owcami; Ja będę dla was Ojcem, a wy będziecie dla Mnie synami. Jezus, Stwórca, bardzo cierpi widząc swoje dzieci błąkające się bez celu, zagubione jak owce nie mające pasterza. Jego Serce krwawi, wie On bowiem, kim by się stali, gdyby tylko byli dobrze prowadzeni. Św. Jan od Krzyża skarżył się Jezusowi, stwierdzając, że jest wielka liczba wiernych, którzy gnuśnieją w miernocie duchowej z powodu braku kierownictwa duchowego, chociaż mają w sobie wielki potencjał świętości. Jaka to szkoda, że tak trwoni się Boże dary!

Bóg udziela swoich darów hojnie i nieustannie, ale gdzie są ci, którzy się na nie zgadzają i przyjmują je? Wyobraźmy sobie, że błąkamy się na pustyni bez wody, dręczeni straszliwym pragnieniem. Na tej pustyni jest studnia, ale my o tym nie wiemy. Nie mamy pojęcia, że jest chociaż jedna studnia. A jednak ta studnia jest blisko nas. Została ona przez kogoś wykopana, a więc ten ktoś wie, gdzie się ona znajduje i jak się z nią obchodzić. Otóż nie mówi nam on: „studnia jest tutaj, idź, napij się z niej wody za darmo!". Pozostaje nam więc już tylko śmierć z pragnienia i to o kilka metrów od studni!

Jezus uzdrawia chorych, uwalnia opętanych, przywraca godność wzgardzonym, pozwala grzesznikom odnaleźć stan łaski i jedna ich z Ojcem. Jest to bardzo piękne, ale ważne jest jeszcze co innego: Jezus głosi Dobrą Nowinę o królestwie ubogim, karmi swoim słowem dusze swoich, długo naucza, a Jego słowo oświeca i daje życie. Lud, który Go słucha, wie o tym dobrze: „Uczył ich bowiem jak ten, który ma władzę, a nie tak jak ich uczeni w Piśmie" (Mt 7, 29). Otóż chodzi tu o to samo Słowo, które stworzyło świat!

Oto anegdota opowiadana w Medjugoriu, której źródłem jest prawdziwe zdarzenie. W czasach panowania tureckiego przez cztery i pół wieku w dawnej Jugosławii, po którym nastał komunizm, rząd zagroził chrześcijanom i rozkazał przynieść wszystkie egzemplarze Biblii na rynek miasteczka, aby zostały spalone. Wielu było takich, którzy odważnie ukrywali je w piwnicach, a najczęściej zakopywali w ziemi. Od czasu do czasu gromadzili się w nocy i w ukryciu na ceremonii rodzinnej przy świetle świec. Wtedy ten, kto umiał czytać, brał Biblię i czytał ją na głos całymi godzinami. W ten sposób karmili się prawdą w tym wrogim otoczeniu. Sycili się u źródła tym słowem, które było ich radością, dumą, siłą w trudnym doświadczeniu, słowem — ich życiem. Po skończonym spotkaniu znowu chowali Biblię, aby do niej sięgnąć następnym razem.

W 1981 roku, gdy ukazała się Matka Najświętsza, za reżimu komunistycznego, co powiedziała? „Drogie dzieci, zachęcam was do codziennego czytania Pisma Świętego i do umieszczenia go w widocznym miejscu w waszych domach. W ten sposób, jeżeli ktoś was odwiedzi, będziecie mogli przeczytać jego fragment razem" (18 października 1984 roku). W widocznym miejscu? Po wszystkim, co się stało? Wieśniacy uczynili tak z miłości do Niej i nie ponieśli żadnych przykrych konsekwencji — Królowa pokoju ich chroniła.

Matka Najświętsza ukazała się kilka razy ojcu Jozo Zovko, który był proboszczem w Medjugoriu na początku objawień. Pięć razy ukazała mu się zapłakana, mówiąc z wielkim smutkiem: „Zapomnieliście o Piśmie Świętym!" Ojciec Jozo podkreślał: „Była bardziej rozżalona, niż matka, która straciła syna". Gdy zapominamy o Piśmie Świętym, zapominamy o Jezusie, Jej Synu, który jest Słowem żywym. Podstawowym punktem nauczania Maryi w Medjugoriu jest sprawa umieszczenia otwartej Biblii w widocznym miejscu w naszym domu, codziennego czytania kilku wersetów i wprowadzania ich w życie.

Dzisiaj Bóg wzywa jeszcze wiele Jej dzieci do przekazywania

tego słowa. Obserwując dzisiejszy świat, można by sądzić, że Jezus nie powołuje już tak jak dawniej. Pomyłka! Z pewnością kilka dziesiątek lat temu seminaria duchowne były pełne i parafie miały wielu księży, którzy służyli ludowi Bożemu. Teraz jest mało pasterzy, a ci, którzy jeszcze pozostali, są przeciążeni. W rzeczywistości Bóg powołuje zawsze tak samo, powołuje w zależności od potrzeb Jego dzieci. Jednak ci, którzy otrzymują dzisiaj to powołanie, nie zawsze są w stanie je usłyszeć. Odurzenie światem, materializm, przywiązanie i zniewolenie dobrami materialnymi, coraz bardziej agresywne rozrywki i czas przeznaczony na rzeczy niepotrzebne zagłuszają głos Pana. „Mówię do wszystkich dusz, ale nieliczne są dusze, które słyszą szmer mojego głosu" — mówi Jezus do siostry Faustyny (Dzienniczek, przekład własny).

Matka Najświętsza przestrzega nas przez Mirjanę: „Dzieci! Znowu, tak jak matka, proszę was, abyście zatrzymały się na chwilę i zastanowiły się nad sobą i nad przejściowym charakterem waszego ziemskiego życia. Potem zastanówcie się nad wiecznością i szczęściem wiecznym. Czego chcecie? Jaką drogę chcecie obrać?" (2 LIPCA 2012 ROKU). Oto pytania, jakie stawia nam nasza niebieska Matka, która widzi nasze zaangażowanie i inwestowanie w tyle próżnych rzeczy! Czego chcemy? Czego pragniemy? Dokąd chcemy pójść?

„Dzisiaj, bardziej niż kiedykolwiek — mówi Maryja — szatan jest silny, chce on niszczyć i oszukiwać nas na tysiące sposobów" (25 WRZEŚNIA 1990 ROKU). Mówi Ona do nas jak zaniepokojona Matka, która widzi, że jej dzieci szukają szczęścia tam, gdzie się je traci. Jej matczyne Serce jest pełne głębokiego współczucia.

Wyobraźmy sobie współczucie Jezusa dla tłumów dzisiejszych czasów! Ludzie idą do kina, oglądają mecze piłki nożnej, stoją w kolejkach w centrach handlowych, mają czas na wszystko, tylko nie na usunięcie się w ciche miejsce i słuchanie głosu Pasterza, który mógłby zapewnić im wymarzone odpocznienie duszy! Jezus zawsze na nas patrzy, cokolwiek byśmy nie robili. Co dzieje się w Jego sercu Pasterza? Czego doświadcza? Dziś jest niedziela, a moje dzieci nie poszły na Mszę św., gdzie czekałem na nie z tak wielkim pragnieniem, by je napełnić! Kto napełni ich zranione i spragnione serca, jeśli nie Ja? Nie przyjmują Chleba Życia, nie wiedzą nawet, że czekam na nie w kościele.

Tak, Bóg nas wzywa, ale my staliśmy się głusi. Zachęca nas, ale my boimy się ciszy, w której Bóg mówi do naszego serca, bo jest łatwiej upajać się muzyką i hałasem świata, aby zapomnieć o pustce, która prześladuje nas nawet w nocy! Z lenistwa pijemy letnią i zatrutą wodę mediów i przechodzimy obok Serca Jezusa, który rozdaje wodę żywą.

Kto powstanie, aby dać pić naszym młodym, którzy nie wiedzą za kim podążać, ani dokąd pójść? Wielu z nich nie wie nawet, dlaczego się urodzili i jaki jest cel ich życia! Kto opowie się za nimi w naszej cywilizacji śmierci i będzie wołać do opuszczonych i udręczonych dusz i powie, gdzie i jak znaleźć drogę, która prowadzi do nieba? Kto powstanie, by głosić słowo Boże, które daje życie?

Jeszcze i dziś zakrwawione Serce Jezusa ma przed sobą wielkie i piękne żniwo! Jego Serce Pasterza jest przepełnione bardziej niż kiedykolwiek współczuciem, które chce wylewać na każdego z nas. Bracie, siostro, wstań, proszę cię, wstań! Dlaczego chcesz wykorzystywać tylko 10% twojej zdolności do miłości? Dlaczego chcesz tracić czas na głupoty, skoro mógłbyś nieść słowo Boże wszystkim, którzy są go spragnieni? Drogi przyjacielu, Jezus cię powołuje, potrzebuje ciebie.

W tej dziesiątce różańca staraj się słuchać Boga, bo ma On niepowtarzalne powołanie dla każdego swojego dziecka. Już dziś wieczorem, w ciszy twojego pokoju pytaj Jezusa: „Oto jestem, Panie Jezu, co mogę zrobić, aby pomóc Ci nakarmić Twoje owce? Chcę z Tobą współpracować, Panie Jezu! Co mogę dla ciebie zrobić?".

PIĄTA TAJEMNICA WSPÓŁCZUCIA

niewidomi z Jerycha

W tej piątej tajemnicy współczucia widzimy Jezusa kontynuującego swą podróż po uczęszczanych drogach Judei. Szedł za Nim tłum bogaty w problemy, choroby i wszelkiego rodzaju nędze (POR. MT 20, 29). Każdy miał nadzieję, że otrzyma od Niego krzepiące słowo, spojrzenie albo błogosławieństwo. Zresztą — mówiono — wystarczy Go dotknąć! Udowodnił już, że jest cudotwórcą, zdobył sławę i każdy karmi się tą szaloną nadzieją, że ten wielki prorok pochyli się nad jego cierpieniem i go uzdrowi. Chorzy, opętani, niewidomi i chromi trwają w oczekiwaniu.

Oto Jezus wychodzi z Jerycha i dwaj niewidomi siedzący na skraju drogi wołają do Niego: „Panie, Synu Dawida, ulituj się nad nami!". Jednak tłum nie aprobuje ich krzyków i stara się ich uciszyć. Dwaj niewidomi zaczynają wołać coraz bardziej: „Panie, Synu Dawida, ulituj się nad nami!" Oto bowiem ich życiowa szansa, jak więc mają milczeć? Jezus zatrzymuje się, przywołuje ich i pyta: „Cóż chcecie, żebym wam uczynił?" (MT 20, 32). Jakież to wspaniałe pytanie ze strony Jezusa! Co wy odpowiedzielibyście, gdyby Pan postawił wam to samo pytanie? Jakie byłyby wasze największe pragnienie? Matka Najświętsza postawiła nam to samo pytanie: „Czego chcecie?

Dokąd chcecie iść?". Coraz bardziej przenikliwe wołanie niewidomych dotyka Serca Jezusa. Czyż nie przyszedł po to, by niewidomi widzieli? Czyż On sam nie jest światłem świata? Jezusa ogarnia współczucie, bo widzi ich upokorzonych przez kalectwo. Zarazem w tamtej epoce niewidomi i ułomni nie mieli prawa wstępu do Świątyni jerozolimskiej, aby oddawać chwałę Bogu. Ten przepis sięga czasów Dawida, dlatego niewidomi zwracają się do Jezusa: „Synu Dawida!". Jezus, wzruszony, spełnia ich prośbę i przez ten gest przywraca im wzrok, ale przede wszystkim odnawia w nich podstawową godność wierzących, bo teraz będą już mogli oddawać chwałę Bogu w Świątyni!

Epizod ten przywodzi nam na myśl uzdrowienie Malchosa, sługi arcykapłana, który przyszedł niespodziewanie do Ogrodu Oliwnego w czasie pojmania Jezusa (POR. J 18, 10). Straciwszy ucho, stał się kaleką i nie mógł już wykonywać swojej pracy dla arcykapłana, a — co za tym idzie — nie mógł zaradzić potrzebom swojej rodziny. Jezus wie o tym i uzdrawia go natychmiast.

Dokonując uzdrowienia fizycznego, Jezus zawsze działa w sposób głębszy, niż wskazują na to pozory, dotyka bowiem duszy człowieka i jego godności. Jak ten sługa arcykapłana, który został uzdrowiony, mógłby jeszcze być wrogiem Jezusa? Wyobraźmy sobie także minę arcykapłana, gdy sługa opowiedział mu ten epizod o natychmiastowym i pełnym uzdrowieniu dokonanym przez Jezusa, podczas gdy on wystąpił przeciw Niemu, aby go związać?

W przypadku dwóch niewidomych, tak jak w przypadku Malchosa, Jezus dokonuje podwójnego uzdrowienia — uzdrawia ciało i odnawia godność osoby. Jednak gdy ofiaruje pierwsze uzdrowienie ubogim, którzy w Niego wierzą, ofiaruje drugie wrogowi, który przyszedł, aby Go pojmać. Jego współczucie ogarnia każdego człowieka. Tu właśnie możemy się dużo od Niego nauczyć.

Powróćmy jednak do naszych dwóch niewidomych. Jezus współczuł każdej osobie z tłumu. Dlaczego więc uzdrawia tylko dwóch niewidomych? Jest to tajemnica, która należy tylko do Boga, nam pozostaje więc jedynie uklęknąć i uwielbiać Jego wolę. Myślę tu w sposób nieunikniony o pytaniach, które stawia sobie tylu wierzących, w rodzaju: dlaczego Jezus uzdrowił z raka sześćdziesięcioletnią kobietę, a nie uzdrowił jej czteroletniego wnuka?

Jezus widzi inaczej niż my. Ojciec niebieski posłał na świat swego Syna, aby świat zbawić i to na wieczność. Czemu służyłoby uzdrowienie naszego ciała, jeżeli potem mielibyśmy się znaleźć w piekle na wieczność! Widząca Marija Pavlovic powiedziała do mnie kiedyś: „Matka Najświętsza jest smutna, widząc, że niektóre osoby przyjeżdżają do Medjugoria z prośbą o uzdrowienie fizyczne, ale dalej żyją w stanie grzechu śmiertelnego". Matka Boża mówi: „Nie, drogie dzieci, to nie jest słuszne, bo zdrowie duszy jest ważniejsze od zdrowia ciała. Najpierw trzeba wyrzec się grzechu, dobrze się wyspowiadać. Byłoby o wiele więcej uzdrowień, gdyby ludzie wyrzekali się grzechu!".

W Medjugoriu widzimy wielu ludzi wyrzekających się grzechu i stwierdzających uzdrowienie po wyjściu z konfesjonału. Gdy niewidomi odzyskują wzrok, idą za Jezusem. Jezus upiekł dwie pieczenie przy jednym ogniu — uzdrowił ich ze ślepoty i uczynił swoimi uczniami. To, by się stali Jego uczniami, było dlań ważniejsze od uzdrowienia.

Często byłam świadkiem smutnej rzeczywistości: niektóre osoby w ogóle nie kochają krzyża i odrzucają go. Niektórzy chorzy tak bardzo chcą wyzdrowieć, że są gotowi zaprzedać duszę, narażać zbawienie wieczne, zwracając się do uzdrawiaczy-szarlatanów albo do czarowników. Schodzą w ten sposób z właściwej drogi dzwoniąc do nieodpowiednich drzwi, wydają nawet duże pieniądze, aby za wszelką cenę otrzymać uzdrowienie z niekorzyścią dla swojej duszy. Optują na przykład za seansami reiki, proponowanymi coraz częściej chorym, nie zdając sobie sprawy, że dają się zwodzić wyrafinowanemu kłamstwu, podłości! Wydaje im się, że otrzymali uzdrowienie, ale jest to tylko złudzenie, bo mistrz reiki przywołuje demony, aby leczyć choroby. W wyniku tego zło przemieszcza się w inne miejsce w ciele lub psychice i naiwny człowiek tylko pogarsza swoją sytuację. Nie jest już w stanie się modlić albo nie znosi swojego współmałżonka, ma pęd ku śmierci, a nawet chęć popełnienia samobójstwa. Celem szatana jest bowiem zniszczenie. Często spotykamy ofiary reiki w Medjugoriu.

Gdy prosimy Jezusa o łaskę, czy chodzi o uzdrowienie fizyczne, czy wewnętrzne, ważne jest, byśmy starali się zrozumieć, jaki jest Boży plan w stosunku do nas i być gotowym się na niego zgodzić. Matka Najświętsza powiedziała: „Drogie dzieci, gdy się modlicie, powtarzacie: Panie, uzdrów mnie, uzdrów mnie! Nie, drogie dzieci, nie módlcie się w ten sposób, bo wtedy jesteście skupieni na waszym problemie i nie jesteście otwarci na wolę Bożą. Mówcie raczej: Panie, bądź wola Twoja w moim życiu! Wówczas Pan będzie mógł dokonać uzdrowienia fizycznego albo uwolnienia. Wie On, co ma czynić" (orędzie skierowane do Vicki).

23 czerwca 1985 roku, widząca sercem Jelena Wasilj, odpowiedzialna za grupę modlitewną w Medjugoriu, otrzymała tę modlitwę Matki Bożej, która powiedziała jej, że będzie to najlepsza modlitwa za chorego. Oto ona:

Modlitwa za chorego:

„O Boże, oto ten chory jest przed Tobą. Przyszedł prosić o to, czego pragnie i co uważa za najważniejsze dla siebie. Ty, o Boże, wyryj w jego sercu to słowo: najważniejsze jest zdrowie duszy! Panie, bądź wola Twoja w jego życiu we wszystkim! Jeśli chcesz, by wyzdrowiał, niech zdrowie będzie mu dane. Jednak jeśli Twoja wola jest inna, dopomóż mu nadal dźwigać krzyż. Proszę Cię też za nas, którzy wstawiamy się za niego. Oczyść nasze serca i uczyń nas godnymi przekazywania Twojego miłosierdzia. O Boże, chroń go i ulżyj mu w cierpieniach, niech wypełni się w nim Twoja wola. Niech przez niego zostanie objawione Twoje święte imię. Dopomóż mu dźwigać krzyż z odwagą!"

Na koniec można odmówić trzy razy *Chwała Ojcu*.

Zanim wspólnie odmówimy tę dziesiątkę, zamiast skupiać się na naszej chorobie czy na chorobie kogoś bliskiego, popatrzmy na Serce Jezusa zawsze gotowe, by dawać nam to, co najlepsze, zaczerpnijmy z Jego spojrzenia owo wielkie współczucie, które ma On wobec każdego z nas. I jeśli nas spyta: „Co chcesz, bym ci uczynił?", dokonajmy dobrego wyboru! Mylimy się co do szczęścia — wybierzmy to, które zaczyna się tu na ziemi i trwa na wieczność!

Tajemnice miłosierdzia

Oto teraz stoimy wobec wielkości miłosierdzia Bożego! "Błogosławieni miłosierni, albowiem oni miłosierdzia dostąpią" (Mt 5, 7). Błogosławieństwa objawiają nam prawdziwą tożsamość naszego Zbawiciela, są pewnego rodzaju skanerem Jego duszy. W nich objawiona jest nam każda cecha Jego osobowości, tak jak osiem powodów, które miał, by być szczęśliwym. Jest ubogi w duchu, cichy, smuci się, łaknie i pragnie sprawiedliwości, jest miłosierny, ma czyste serce, wprowadza pokój, cierpi prześladowanie dla sprawiedliwości, urągają Mu i mówią kłamliwie wszystko złe o Nim (por. Mt 3, 11). Szóste błogosławieństwo — błogosławieni miłosierni — wytrąca nasze dusze z odrętwienia i może nawet nas przerazić. Jest tak, jakby powtarzało ono: jeżeli nie będziesz miał miłosierdzia dla tych, którzy cię zranili, nie dostąpisz miłosierdzia i nie będziesz mógł pójść do nieba. Jednak Jezus nie przyszedł po to, by nas przerazić, przeciwnie, wskazuje nam klucz do zbawienia. Szatan panicznie boi się miłosierdzia, tak więc ten klucz do miłosierdzia jest niezwykle ważny, nie do pominięcia, gdyż jest to sposób, który pozwala nam odnieść niewątpliwe zwycięstwo nad wrogiem i unicestwić jego plan śmierci wobec nas. Jak stać się miłosiernymi? Przede wszystkim gorąco tego pragnąc! Potem kontemplując oczami serca Tego, który jest osobowym miłosierdziem. „Spójrzcie na Niego, promieniejcie radością, a oblicza wasze nie zaznają wstydu" (Ps 34, 6).

Tych pięć tajemnic miłosierdzia pozwoli nam przebyć nową drogę w głębinach Serca Bożego. Staniemy się odkrywcami! Każda tajemnica zawiera w sobie skarb, który będziemy odkrywać, rozumieć i wcielać w życie. Marzeniem Jezusa jest danie nam tych skarbów i jest On gotów na wszystko, bylebyśmy je przyjęli. Gorąco pragnie, by nasza dusza promieniowała Jego miłosierdziem. Będzie przekazywał nam to podobieństwo, które stanowi chwałę świętych!

PIERWSZA TAJEMNICA MIŁOSIERDZIA

Syn marnotrawny

W tej tajemnicy odkryjemy z zachwytem, co objawił sam Bóg — Jego najwyższy przymiot — miłosierdzie. Przyjrzyjmy się jednak razem sensowi słowa hebrajskiego użytego w Biblii, zamiast skupiać się na etymologii słowa łacińskiego *misericordia*. Słowo hebrajskie pozwala nam zrozumieć głęboką ideę miłosierdzia, taką, jaką Bóg przekazał swojemu ludowi.

Po hebrajsku miłosierdzie to *rahamim*, liczba mnoga słowa *rehem*, które znaczy „matczyne łono, macica". Wskazuje więc ono na najgłębszy wymiar anatomii kobiety, zarazem najpiękniejszy, ponieważ tam poczyna się życie, w ukryciu kształtuje się dziecko przez dziewięć miesięcy. Jest to miejsce nieskończenie cenne w oczach Stwórcy, jakby tabernakulum, w którym współpracuje On z nami, aby mogła wytrysnąć iskierka życia. Otóż, gdy Bóg chce wyrazić swoje miłosierdzie, używa tego słowa, ale w liczbie mnogiej *rahamim* — chodzi tu o wzmocnienie znaczenia tego słowa. Oczywiście, nie chodzi tu o sens dosłowny.

Zacznijmy od przypowieści o synu marnotrawnym, w której Jezus daje nam cudowny obraz Ojca niebieskiego (ŁK 15, 11–31). Syn upomina się o swoją niezależność, zabiera swoje rzeczy, pieniądze, spadek i opuszcza ojcowski dom, w którym się urodził. W nieświadomości i zaślepieniu ten młody człowiek jest przekonany, że niezależność przyniesie mu wielkie szczęście, ale jest to szatańska zasadzka i wpada w tę pułapkę. Serce ojca jest zranione, pokrwawione. Wie, że jego syn jest ofiarą wielkiej iluzji, że chce iść za swoimi kaprysami z daleka od spojrzenia ojca. Pragnie być wolny i niezależny, nie zdaje sobie sprawy, że jego wybór uczyni go niewolnikiem jego zepsutej i ślepej natury. Skazuje się na całkowitą porażkę, będzie zrujnowany, upokorzony, głodny i będzie musiał doglądać świnie, co jest sytuacją niezbyt koszerną. To wstyd dla Żyda!

Poszukajcie błędu! Dlaczego tak godny pożałowania koniec? Ten syn postanowił być wolnym elektronem, odłączonym satelitą. Chce spełnić się z daleka od obecności ojca, ponieważ nie zrozumiał, że u niego ma wszystko, zwłaszcza miłość i wszystkie horyzonty, jakie daje miłość. Czyni się sierotą, podczas gdy wszystko w domu do niego należało! Jakiż jest kontrast między zimną decyzją syna, a ogromną miłością ojca, który ze złamanym sercem widzi, jak syn się oddala i będzie codziennie wyglądał na drogę.

Tak samo jest z nami. Im bardziej zbliżamy się do Trójcy Przenajświętszej, tym bardziej wzrasta nasza komunia z trzema Boskimi Osobami. Natomiast im bardziej się oddalamy, tym bardziej tracimy pokój, stając się wolnymi elektronami, całkowicie odłączonymi od Boga. Matka Boża uczy nas, że nasz brak pokoju bierze się z oddalenia od Boga. Odległość, która nas od Niego oddziela, jest terenem sprzyjającym dla wroga, gdzie może on działać zupełnie spokojnie. Za to nasze zjednoczenie z Bogiem pozbawia go terenu działania.

A jak reaguje Bóg? Pozostawia nas wolnymi w

wyborze — możemy Go zaakceptować albo odrzucić. To syn zdecydował się oddalić od ojca, nie odwrotnie. W sercu ojca miejsce, jakie zajmował ten syn, jest puste. To otwarta i najbardziej bolesna rana. Codziennie wyczekuje na tak umiłowanego syna i, tak jak ktoś na czatach, ma nadzieję, że powróci i zajmie to miejsce w jego sercu. Z pewnością ojciec mógłby odczuwać gorycz i myśleć: „To on chciał się oddalić, szkoda, niech przeżywa swoje życie, nie będę już wcale o tym myślał!" Ojciec czeka na swojego syna, wyczekuje go codziennie na skraju drogi. Oto Boże miłosierdzie, oto matczyne łono, które nie może znieść widoku oddalającego się dziecka, wiedząc dobrze, że jeżeli odejdzie, straci wszystko — szczęście, pokój, radość, komunię, życie! Miłosierdzie Boże jest podobne do głębokiej miłości matki. Wszystkie mamy mogą to zrozumieć!

Zobaczyliśmy, że syn został strażnikiem świń, cierpiał głód, ale co myślał w tych trudnych chwilach? Było mi lepiej u ojca. Postanowi więc wrócić do niego nie dlatego, że kocha swojego ojca, ale dlatego, że jest głodny. Trzeba dobrze rozeznać jego motywację! W końcu powraca.

Jak reaguje ojciec, gdy go spostrzega z daleka? Wybiega mu naprzeciw! Przyjmuje go ciepło i całuje z wylewnością. Ten syn marnotrawny śmierdział, bo człowiek, który przebył tyle kilometrów po przestawaniu ze świniami na pewno nie mógł pachnieć różami! Jednak ojciec nie zwraca na to uwagi, to nic, jego syn powrócił, to cud! Nie pozwala mu nawet skończyć jego wyznania, obejmuje go z nieskończoną czułością i delikatnością, z niezwykłą radością! To zbyt piękne! Jego ojcowskie serce jest po brzegi pełne miłości. Natychmiast rozkazuje swoim sługom, aby przygotowali ucztę: „Przynieście szybko najlepszą szatę i ubierzcie go. Dajcie mu też pierścień na rękę i sandały na nogi! Przyprowadźcie utuczone cielę i zabijcie: będziemy ucztować i weselić się" (Łk 15, 22–23).

Myślę o dniu, w którym siostra Faustyna Kowalska popełniła grzech. Była z tego powodu bardzo zawstydzona, odczuwała głęboką skruchę i upokarzała się przed Bogiem, przepraszała, że Go obraziła, było jej przykro. A co odpowiada jej Jezus? Mówi, że upokarzając się w ten sposób, otrzymała więcej piękna i chwały, niż gdyby nie popełniła tego grzechu (por. *Dzienniczek*, nr 1293).

Bóg jest tak dobry, że bierze na siebie nasz grzech i jeśli powracamy do Niego, to zamiast potępiać i karać, przemienia grzech w coś pozytywnego. Grzech jest złem, a więc wydziela zły zapach, ale gdy skruszymy się z miłości do Jezusa przemienia On ten grzech w olejek, tak jak Ojciec niebieski powiedział do św. Katarzyny ze Sieny (*Dialog*).

Św. Miriam z Betlejem ofiaruje nam wspaniałe porównanie, które warto zapamiętać, bo jest to źródło uzdrowienia dla zaniepokojonej duszy: „W niebie najpiękniejszymi drzewami są te, które najbardziej zgrzeszyły. Posłużyły się one swoją nędzą jak nawozem, który otacza korzenie"*.

Grzesznik rozumie wtedy, że Bóg może przemienić jego grzech w wartość pozytywną w służbie światłości. Składa swój grzech u stóp drzewa tak jak kładzie się nawóz, aby wzbogacić glebę i pozwolić drzewu wydać piękne owoce.

W tej dziesiątce różańca pozwólmy, by ucałował nas Ojciec niebieski, nie zważając na wszystkie nasze błędy! Jak ciężki by nie był nasz grzech, wrzućmy go do gorejącego Serca Boga. Ojciec na nas czeka.

---

* Zob. książkę *Miriam, la petite Arabe*, wyd. EDB.

DRUGA TAJEMNICA MIŁOSIERDZIA

Jezus i Samarytanka

W tej tajemnicy miłosierdzia robimy postój w Samarii. Jezus zatrzymuje się przy studni Jakubowej w najgorętszej godzinie dnia i widzi jakąś kobietę. Zna ją dobrze, wie, że to zagubiona owieczka, ponieważ Jezus poznaje w sercach. Rozpoczyna z nią dialog, bo chce ją zbawić (J 4, 1–30).

Wie, że ta kobieta miała pięciu mężów i że teraz mieszka z jeszcze innym mężczyzną. Próbowała znaleźć miłość zmieniając kilka razy partnerów. Na próżno! Jej pragnienie kochania i bycia kochaną, jej pragnienie, by znaleźć trwałą miłość, stało się otwartą raną. Kobieta ta umiera z pragnienia, rozdzierającego pragnienia nigdy nieodnalezionej miłości. Jezus zaczyna od prośby: „Daj Mi pić!". Wspaniałe wprowadzenie! Działając w ten sposób, mówiąc jej o swoim pragnieniu, Jezus upodabnia się do niej i dotyka jej podstawowego problemu. Rzeczywiście, Jezus pragnie zbawić tę zagubioną owieczkę, a ona ze swej strony jest spragniona miłości. Oboje oni są stworzeni dla siebie nawzajem.

Kobieta jednak nie rozumie, że Jezus mówi o pragnieniu swego Serca, nie może sobie nawet wyobrazić, że Jezus tak bardzo jej współczuje, bo myśli raczej, że jej życie jest zupełną klęską, że jest w sytuacji bez wyjścia. Rzeczywiście straciła powodzenie, jak również szacunek dla siebie. Na jaką przyszłość może jeszcze żywić nadzieję? Czy istnieje jeszcze dla niej droga do szczęścia? Czy już wykorzystała wszystkie możliwości? Widząc strapienie tej kobiety, Jezus płonie wielkim pragnieniem zdobycia swojej zagubionej owieczki, przywrócenia jej wspaniałego powołania kobiety i odnowienia w niej jej pierwotnej piękności. Chce wyprowadzić ją z więzienia rozpaczy, która ją zniewala i odnowić jej wspaniałą godność kobiety, stworzonej dla miłości i dla płodności.

Jezus pozwala zrozumieć tej kobiecie, że aby skutecznie zaspokoić swoje pragnienie miłości, musi przestać mnożyć relacje uczuciowe i zacząć oddawać cześć Bogu. Tak, oddawać cześć! Jezus jej nie potępia. Przeciwnie, pokazuje jej, jak zyskać jedyną i prawdziwą miłość, która może napełnić jej ludzkie serce, czyni ją czcicielką. Kobieta już nigdy nie będzie więźniarką swoich złych wyborów i od tej chwili nie będzie już szukała szczęścia tam, gdzie się je traci. To przez oddawanie czci prawdziwemu Bogu płyną rzeki wody żywej, które nawadniają wszystko tam, gdzie płyną. Poza tym Jezus jej tłumaczy, że gdy będzie piła wodę wytryskającą z Jego Serca, nigdy nie będzie pragnąć. „Kto zaś będzie pił wodę, którą Ja mu dam, nie będzie pragnął na wieki, lecz woda, którą Ja mu dam, stanie się w nim źródłem tryskającym ku życiu wiecznemu" (J 4, 14).

Dotyczy to także nas, którzy jesteśmy często zaniepokojeni, puści, zatroskani, sfrustrowani... Gdy adorujemy Jezusa w Najświętszym Sakramencie, ale także gdy oddajemy cześć Bogu w duchu i prawdzie na łonie natury, jesteśmy nawadniani przez wody wypływające z Serca Jezusa i wreszcie jesteśmy napełnieni, zadowoleni, nasyceni tą miłością, do której dążymy w naszej najgłębszej istocie.

Jest to cud miłosierdzia Jezusa, który przemienia osoby, czy też raczej pomaga im w stawaniu się sobą, w odnalezieniu prawdziwej godności stworzeń Bożych. Miłosierdzie Boże objawia nam, kim jesteśmy.

Ta kobieta, która była pogardzana przez wszystkich mieszkańców jej wioski, jest przemieniona przez Jezusa w czcicielkę i głosicielkę Dobrej Nowiny. Oto, jak spełnia się jej powołanie do płodności! I jaka to płodność! Bóg wybrał ją, by zaniosła zbawienie całej swojej wiosce, ją, która była najbardziej pogardzana ze wszystkich. Takie jest miłosierdzie Boże: najmniejszy w oczach ludzkich, ten, którego nikt by nie wybrał, staje się wybrańcem. Dzięki niej cała wioska Go pozna i wierzy w Niego! Jezus uwolnił ją od przygniatającego wstydu, aby uczynić ją nową osobą zanoszącą innym prawdziwe światło. Wtedy więc radość z tego, że jest narzędziem Boga, uzdrawia jej rany.

W tej dziesiątce różańca, w której kontemplujemy Serce Jezusa, z którego wypływa woda żywa dla nas, oddajmy Mu wszystkie nasze frustracje, porażki uczuciowe, nigdy niespełnione pragnienia... Otwórzmy się na Niego! Czyż wszyscy nie jesteśmy spragnieni? Oto Jezus stoi przed nami, gotów ofiarować się całkowicie. Teraz pijmy wodę z Jego Serca!

TRZECIA TAJEMNICA MIŁOSIERDZIA

Jezus i kobieta cudzołożna

rzecia tajemnica miłosierdzia proponuje nam uczestnictwo w bulwersującej scenie. W Jerozolimie jest ranek. Jezus zszedł z Góry Oliwnej, gdzie spędził noc na modlitwie i — tak jak codziennie — zaczął nauczać w Świątyni otoczony zgromadzeniem, które chłonie Jego słowa. Faryzeusze i uczeni w Piśmie przyprowadzają do Niego kobietę przyłapaną na jawnie popełnionym cudzołóstwie i stawiają ją przed Nim, to znaczy przed całym ludem! Jakiż to brak szacunku z ich strony! Jakież to dla niej upokorzenie! Ale dlaczego oni w ten sposób postępują? Na pewno nie mają zamiaru zatroszczyć się o tę kobietę i jej duszę. Niestety, wydaje się, że to jest ostatnia z ich trosk. Ich celem jest raczej schwytanie Jezusa w pułapkę i posługują się tą kobietą, mając nadzieję, że zrobią z niej dowód rzeczowy. Stwierdzają oni, że Jezus kocha grzeszników i stara się ich do siebie przyprowadzić wzbudzając w nich skruchę. Zaprzeczają Jego zbawczej misji, bo zaślepia ich zazdrość, która przeszkadza im przylgnąć do niej!

Wymyślili prawie doskonały plan przeciwko Jezusowi, aby Go przyprzeć do muru. Z jednej strony będą Go prowokować uderzając w podstawowy punkt Jego misji, jakim jest przyprowadzenie do Boga zagubionych owiec z domu

Izraela. Z drugiej strony będą Go konfrontować z Prawem Mojżeszowym, niemożliwym do obejścia, którym jest kamienowanie takich kobiet. Otóż Jezus nie może naruszyć świętych ksiąg. To bardzo przebiegłe z ich strony! Pewni, że schwytali Go w pułapkę, pytają: „Nauczycielu, tę kobietę dopiero co pochwycono na cudzołóstwie. W Prawie Mojżesz nakazał nam takie kamienować. A ty co powiesz?" (J 8, 4–5).

Jezus, Słowo Boga, reaguje w sposób zdumiewający. Milczy, ale zaczyna pisać palcem po ziemi. Uczeni w Piśmie i faryzeusze spodziewali się jakiegoś słowa, są zakłopotani a nawet poirytowani. Nadal chcą Go pytać. Wtedy Jezus podnosi oczy i mówi: „Kto z was jest bez grzechu, niech pierwszy rzuci w nią kamieniem". Zamilkli, są jak słup soli, żaden się nie rusza z miejsca. Jezus zaś, na nowo spuszczając oczy, dalej spokojnie pisze palcem po ziemi. Co chce napisać? Ciekawi, chcący się przekonać, jak się rzecz ma, ci nauczyciele Tory zbliżają się do Niego jeden po drugim, bardzo niepewni.

(O tym, co było potem, mówią niektóre pisma ojców Kościoła, a także objawienia czcigodnej sługi Bożej Marty Robin, która widziała tę scenę w ekstazie).

Wiemy, że Jezus jest Bogiem i że potrafi przenikać ludzkie serca. Jak to się stało, że ci tak inteligentni nauczyciele jeszcze tego nie zrozumieli? Jezus czeka w milczeniu ze spuszczonym wzrokiem, tak by nie zażenować grzesznicy. Właśnie napisał na ziemi najcięższy grzech pierwszego z tych, którzy zbliżają się do Niego. Ten odczytuje swój grzech i zaczyna się bać. Oto jego grzech jest znany, wypisany wyraźnie. Kim jest ten człowiek, który tak dobrze zna moje życie?—mówi do siebie. A jeśli inni go odkryją? Zawstydzony i drżący opuszcza to miejsce jak niepyszny. Ale Jezus, widząc innych ciekawskich, nie chce, by grzech tego pierwszego był znany wszystkim

Jezus i kobieta cudzołożna

faryzeuszom. Nie bierze z nich przykładu, z nich, którzy mieli upodobanie w publicznym ukazywaniu grzechu kobiety. Objawia On w tym swoje boskie miłosierdzie. Swoją ręką Stwórcy i Zbawiciela gładzi grzech tego człowieka. Koniec, nie ma go już, jest skreślony z mapy! Oto Baranek Boży, który gładzi grzech świata! Przybliża się inny faryzeusz, ale nie może poznać grzechu swego brata. Tajemnica spowiedzi!

Jakaż to delikatność wobec grzeszników ze strony Jezusa! Nie chce zawstydzać grzesznika, nikomu nie wyjawia jego grzechu. Dlatego na wiernym obrazie Chrystusa miłosiernego siostry Faustyny Jezus ma spuszczone oczy. Najbardziej rozpowszechniona kopia obrazu niestety nie oddaje tego, co opisała święta.

Zatrzymajmy się na chwilę i kontemplujmy w postawie Jezusa łagodność Jego miłości do grzesznika. Chce nawet usprawiedliwić tego, który z upodobaniem oskarża innych. Ale czy my sami nie odczuwaliśmy pewnej radości wiedząc, że Jezus wypisał ich grzechy na ziemi? Czy nie byliśmy kuszeni, żeby myśleć, że dobrze im tak? Każdy grzech wywołuje w Jezusie cierpienie, krwawi On wewnętrznie. Zjednoczyć się z Nim oznacza boleć z powodu grzechów innych, nawet jeśli wydaje się, że ci grzesznicy nie przeżywają skruchy. Co się stało z tymi uczonymi w Piśmie i faryzeuszami? Nie wiemy. Czy zrozumieli szansę, jaką ofiarował im Jezus, by publicznie wyznać winę i wyrzec się grzechów, które w nich mieszkały? Czy mogli nadal zarzucać Jezusowi okazywanie miłosierdzia?

W Ewangelii widzimy, jak ci mężczyźni oddalają się jeden po drugim, poczynając od najstarszych, którzy z pewnością popełnili najwięcej grzechów. Gdy już wszyscy poszli, Jezus podniósł oczy i widząc, że kobieta wciąż przed Nim stoi, powiedział do niej: „Niewiasto", tak jak z krzyża powie do swej Matki „Niewiasto, oto syn Twój!" Nazywając ją w ten sposób przywraca kobiecie cudzołożnej jej cudowną godność stworzenia, niewiasty stworzonej w szóstym dniu na obraz Boga. „Niewiasto, gdzież oni są? Nikt cię nie potępił?" Cała drżąca z nadziei zastanawia się, jak On, tak łagodny, zareaguje wobec niej. Zna ona Prawo, w którym nie ma przebaczenia dla kobiet cudzołożnych! Odpowiada: „Nikt, Panie". „Ja też — mówi Jezus — cię nie potępiam". Wyobraźmy sobie ulgę tej kobiety! Przechodzi ona od skazania na pewną śmierć do całkowitego wyzwolenia. Całkowitego? Tak, ale odtąd będzie ona musiała przestać naruszać Boże przykazania. Jezus bowiem nie omieszkał jej powiedzieć jak Ten, który ma władzę: „Idź i odtąd już nie grzesz" (J 8, 11) Miejmy nadzieję, że zrozumiała ona, iż grzech prowadzi do śmierci. Czyż nie wyszła z tego bez szwanku? „Albowiem zapłatą za grzech jest śmierć — mówi św. Paweł — a łaska przez Boga dana to życie wieczne" (Rz 6, 23).

Pięknym widokiem jest Serce Jezusa, może tak jak i nasze w owej chwili, będące blisko kobiety, która jest ofiarą tej niegodziwej hipokryzji. Wyzwala ją ono od niebezpieczeństwa ukamienowania, zachęca do odzyskania stanu łaski i do zmiany życia. Jednak tym, co najbardziej nas zdumiewa, jest to, że Serce Jezusa pochyla się również nad losem tych pyszałków, którzy uważali się za sprawiedliwych, zmazując ich grzechy swą własną ręką. Wszyscy oni zostali rozgrzeszeni, oto dlaczego odchodzą nie mówiąc ani słowa, zmuszeni do milczenia przez to zupełnie nieoczekiwane miłosierdzie. Nie są gotowi zapomnieć o Jezusie z Nazaretu i o Jego niespodziankach!

Chciałabym podkreślić jedną rzecz: jesteśmy mistrzami w obmowie, bo gdy widzimy albo dowiadujemy się, że ktoś zgrzeszył, nie tracimy czasu i zaczynamy rozgłaszać tę wiadomość, pogłębiając nasze gadulstwo i rujnując w ten sposób reputację naszych braci. Przytoczę tu anegdotę św. Filipa Nereusza, świętego, który miał serce dla grzeszników. Pewnego dnia przyszła do spowiedzi pewna kobieta i między innymi wyznała mu grzech obmowy. Wtedy zamiast od razu udzielić jej rozgrzeszenia, Filip Neri powiedział do niej: „Idź na rynek, kup kurę i przynieś mi ją". Kobieta posłuchała. Filip Neri powiedział następnie: „Teraz wróć na rynek i oskub kurę z piór". Kobieta była posłuszna. Po oskubaniu z piór kury powróciła do Filipa Neri i cała zadowolona powiedziała: „Oto zrobiłam to, o co mnie ojciec prosił". On odpowiedział: „Moja córko, wróć na rynek i pozbieraj wszystkie pióra, z których oskubałaś kurę". Jednak ona odpowiedziała zaniepokojona: „To niemożliwe, wiatr rozwiał wszystkie pióra, nie dam rady ich pozbierać!" Wtedy święty wyjaśnił jej: „Oczywiście! Teraz rozumiesz, co zrobiłaś. Obmowa wobec kogoś ma nieodwracalne skutki. Jest poza kontrolą, cały czas się rozprzestrzenia i wszędzie dokonuje swego dzieła zniszczenia". I kobieta, szczerze skruszona, otrzymała w końcu rozgrzeszenie.

Powróćmy na chwilę do naszej kobiety cudzołożnej, która złamała ważne Boże przykazanie. Bóg w swej wielkiej dobroci, dał nam przez pośrednictwo Mojżesza dziesięć przykazań, aby pomóc nam rozróżnić dobro, które daje życie, od zła, które rodzi śmierć i zachęca nas do ich przestrzegania.

„Strzeż Jego praw i nakazów, które ja dziś polecam tobie wypełniać; by dobrze ci się wiodło i twym synom po tobie; byś przedłużył swe dni na ziemi, którą na zawsze daje ci Pan, Bóg" (Pwt 4, 40). „przekleństwo, jeśli nie usłuchacie poleceń Pana, waszego Boga, jeśli odstąpicie od drogi, którą ja wam dzisiaj wskazuję, a pójdziecie za bogami cudzymi, których nie znacie" (Pwt 11, 28). „Spadną na ciebie wszystkie te przekleństwa, będą cię ścigały i dosięgną cię, aż cię zniszczą, bo nie słuchałeś głosu Pana, Boga swego, by strzec nakazów i praw, które ci nadał" (Pwt 28, 45).

Nie ma wątpliwości, że jeżeli chcemy mieć w sobie życie, musimy przestrzegać przykazań, które pochodzą od samego Boga. Dać dzieciom katechizm, który nie zawierałby już dziesięciu przykazań, to narazić je na poważne niebezpieczeństwo i niestety widzimy już tego rezultaty! Nie otrzymują one niezbędnej busoli, aby kierować się zgodnie z Bożym światłem w świecie, który bombarduje fałszywymi światłami.

Matka Boża jasno się na ten temat wypowiada, jeśli prosimy Ją o pomoc, czyńmy to w sposób konsekwentny. Nie chodzi o to, by Ją błagać, a równocześnie nie liczyć się ze słowem Bożym, tak jakby mogła Ona działać niezależnie od dzieła Boga: „Drogie dzieci — mówi — nie mogę wam pomóc, jeśli nie żyjecie przykazaniami Bożymi, jeśli nie żyjecie Mszą św., jeżeli nie odrzucacie grzechu" (25 października 1993 roku).

Ale uwaga! Zły zastawia na nas dzisiaj wyrafinowaną pułapkę i tylu nam współczesnych w nią wpada! Istnieje pewien demon, który odnosi wielki sukces w świecie. Nazywa się on „wszyscy to robią". Posłużmy się przykładem zamężnej kobiety, która ma zamiar przespać się z innym mężczyzną. Otrzymawszy chrześcijańskie wychowanie, wie, że jest to grzech ciężki, który obrazi Pana i jeśli go popełni, nie będzie już mogła przyjąć Jezusa w Komunii świętej. Odczuwa silne przyciąganie do tego mężczyzny, ale zarazem nie chce popełnić grzechu ciężkiego. Duch Boży poprzez przykazania oświeci ją. Ale co będzie jej wbijał do głowy zły duch? „Bądź spokojna, wszyscy to robią". „A więc dobrze, jeżeli wszyscy to robią, to jest dobre, to dlaczego nie ja?" Oto pułapka. Uwaga, wszystko, co sprzeciwia się słowu Bożemu, jest kłamstwem! Celowo posłużyłam się tym tak potocznym przykładem, bo wciąż widzimy tylu ludzi zalęknionych, złamanych, a nawet mających skłonności samobójcze z powodu tego demona. Nawet jeśli wszyscy to robią, ja nie chcę tego zrobić, nie chcę zdradzić Pana, podporządkowując się otaczającemu mnie światu. Jezus nigdy nie powiedział: „Róbcie to, co wszyscy!". Powiedział: „Pójdźcie za Mną!". Jest to zupełnie inny wybór.

W tej tajemnicy wpatrujmy się w miłosierne Serce Jezusa, zranione przez ludzkie grzechy. Jednak z tej rany wypływa rzeka przebaczenia dla tych wszystkich, którzy pragną do Niego powrócić. Módlmy się do Niego z całego serca: „Panie Jezu, jesteś wspaniały, jesteś dla mnie wszystkim! Ty jesteś prawdziwą miłością, którą chcę się nasycić, Ty jesteś wszystkim, czego pragnę w moim życiu! Kochasz mnie do szaleństwa, nikt nie będzie mnie kochał tak jak Ty! Ty mnie stworzyłeś, tchnąłeś we mnie Twoje życie, ochroniłeś mnie i ocaliłeś, przelałeś za mnie swoją Krew... Do kogóż pójdę, aby znaleźć prawdziwe szczęście? Tylko do Ciebie, Panie Jezu, ze szczerą pokorą przyjmuję Twoje miłosierdzie i kontempluję Twoje Serce. Uczyń moje serce podobnym do Twojego, Jezu, wlej w nie całą przeobfitość Twojego miłosierdzia! Czyż nie powiedziałeś sam: „Błogosławieni miłosierni, albowiem oni miłosierdzia dostąpią" (Mt 5, 7).

CZWARTA TAJEMNICA MIŁOSIERDZIA

Jezus i Dobry Łotr

W czwartej tajemnicy miłosierdzia stoimy wraz z Maryją i Janem pod krzyżem Jezusa i kontemplujemy naszego Zbawiciela, przeżywającego swoje ostatnie chwile. Jest sprawą zasadniczą, by dalej kontemplować Jezusa, jest to najlepsza postawa w każdych okolicznościach. Jezus właśnie oddaje życie, kropla po kropli, pośród strasznych cierpień — Jego prawe ramię jest wywichnięte, bo wyszarpnęli je oprawcy — Jego ręka musi dosięgnąć wcześniej przygotowanego otworu w drewnie. Jego ciało jest przebite przez gwoździe i cierniową koronę. Inni dwaj mężczyźni, zbrodniarze, są ukrzyżowani wraz z Nim. Z jednej strony łotr mówi do Niego groźnie, buntuje się i nie zgadza na swój los. Atakuje Jezusa mówiąc: „Czyż Ty nie jesteś Mesjaszem? Wybaw więc siebie i nas" (Łk 23, 39). Spodziewa się on z pewnością prawdziwego cudu, który sprawi, że będą oni mogli zejść z krzyża wszyscy trzej!

Drugi łotr ma zupełnie inną postawę. Nie wiedząc o tym, kładzie balsam na serce Jezusa i zapewnia Mu ostatnie pocieszenie. W jaki sposób? Człowiek ten jest też złoczyńcą, złodziejem, który ma całą listę kradzieży i zabójstw na swoim koncie. Nie chodzi tu z pewnością o anioła, gdyż aby cierpieć karę ukrzyżowania, trzeba było mieć bardzo obciążony rachunek. Mimo swego grzesznego życia odwraca się do Jezusa i patrzy na Niego. Ich spojrzenia krzyżują się. Spojrzenie Jezusa jest pełne majestatu na przekór udrękom krzyżowym i łotr powoli zaczyna rozumieć, że Jezus nie ma sobie równego, jest Synem Bożym, Królem Izraela!

Mimo grzechu serce tego złoczyńcy jest otwarte na dobro i na łaskę. Spoczywające na nim spojrzenie Jezusa wywołuje w nim pewien rodzaj oświecenia sumienia i oto zostaje przemieniony. Wobec zbliżającej się śmierci odrywa się od mieszkającego w nim zła, a nawet karci drugiego łotra mówiąc: „Ty nawet Boga się nie boisz, chociaż tę samą karę ponosisz? My przecież sprawiedliwie, odbieramy bowiem słuszną karę za nasze uczynki, ale On nic złego nie uczynił" (Łk 23, 40–41). Ten złoczyńca staje się w ten sposób obrońcą Jezusa. Jest jedyną osobą, która wypowiada się na rzecz Jezusa w czasie Jego Męki! Dla naszego Zbawiciela jest to wielkie pocieszenie. Jezus ofiaruje właśnie swoje życie za grzeszników, to znaczy za mnie, za ciebie, za nas wszystkich i kogo ma u swojego boku? Grzesznika, któremu natychmiast może ofiarować zbawienie. W tym dobrym łotrze widzi On od razu owoc swej Męki. Z pewnością jest to serce grzesznika, ale grzesznika, który nie waha się wzywać Bożej pomocy. Uznając popełnione zło, otwiera się on na miłosierdzie.

Gdy Jezus słyszy jego pokorne i szczere słowa: „Jezu, wspomnij na mnie, gdy przyjdziesz do swego królestwa". Przepełniony radością i podziwem, daje mu natychmiast klucz do nieba: „Zaprawdę, powiadam ci: dziś będziesz ze Mną w raju" (Łk 23, 42–43). Czyni tego łotra pierwszym świętym. Jest on kanonizowany przez Niego samego pomimo jego przerażającego *curriculum vitae*! Kościół czci go dzisiaj pod

Jezus i Dobry Łotr

imieniem św. Dyzma. To niezwykłe! Jezus jest tak bardzo szczęśliwy, że znalazł grzesznika, który akceptuje Jego ofiarę, który przyjmuje owoc Jego Męki i pokornie klęka przed Nim: „Panie, potrzebuję Ciebie, sam sobie nie poradzę, potrzebuję Ciebie, wspomnij na mnie!"

Zwróćmy przez chwilę uwagę na tę scenę: pokora tego człowieka wyzwala strumienie miłosierdzia Bożego. Zachowujmy to w duchu: pokora grzesznika, który szczerze rozpoznaje swój grzech i żałuje go wzbudza od razu ogromną czułość Boga, zawsze gotowego, by zmazać grzech nawet najcięższy. Złoczyńca tego doświadczył. Serce Jezusa jest rozżarzonym ogniem, który spala grzechy i sprawia, że znikają. Św. Dyzma jest dla Kościoła pierwszym świętym kanonizowanym przez samego Jezusa z krzyża, aby dać nam wszystkim, a zwłaszcza tym, którzy popełnili najpodlejsze grzechy, pełną ufność w nieskończone miłosierdzie Boga. „Z tego źródła miłosierdzia dusze czerpią łaski jedynie naczyniem ufności" (*Dzienniczek*, nr 1602), mówi Jezus do siostry Faustyny. Bez tej ufności jakże moglibyśmy powrócić do Niego bez obawy i poprosić z całego serca o przebaczenie?

Pozwólcie, że opowiem wam o doświadczeniu mojej zaprzyjaźnionej siostry zakonnej, która mieszka w Nowym Jorku, gdzie znajduje się najcięższy zakład karny w Stanach Zjednoczonych. Są tam najgroźniejsi zbrodniarze, ci, którzy popełnili najgorsze czyny. Ci mężczyźni bardzo cierpią, bo są zamknięci na całe życie w wąskich celach, które przypominają raczej klatki królików, pustych i bez światła… Nudzą się tam śmiertelnie i roztrząsają przez cały czas wszelkiego rodzaju czarne myśli. Jest to rodzaj piekła, z którego jedynym wyjściem jest śmierć!

Siostra ta nie boi się, odwiedza ich, aby przynieść im pewne pokrzepienie, z pomocą aniołów, uzbrojona jedynie w słowo Boże i w Boże miłosierdzie. Przez maleńkie, zakratowane okienka wołają na jej widok: „Co ta dobra siostra chce robić w tym piekle?".

Pewnego dnia dialogując z więźniem, który mgliście przypominał sobie zasady chrześcijańskie wyuczone w dzieciństwie, powiedziała: „Wiesz, możesz jeszcze przyjąć miłosierdzie Jezusa, jesteś dla Niego bardzo ważny. Kocha cię On, wzywa, czeka, by dać ci swoje przebaczenie. Idź do Niego, nie wahaj się!". Więzień odpowiedział jej zaszokowany: „Naśmiewasz się ze mnie czy co? Co mi tu opowiadasz? Ja mógłbym być jeszcze zbawiony? Czy nie pójdę do piekła?". „Nie — odpowiedziała. — Jeżeli z całego serca poprosisz Jezusa o przebaczenie, będzie On bardzo szczęśliwy, że może ci przebaczyć i będziesz mógł pójść do nieba". „Do nieba? Żartujesz! — odpowiedział. — To niemożliwe, nie wiesz, co zrobiłem". Ona jednak nalegała: „Uwierz mi, Jezus cię kocha takim, jakim jesteś i chce zmazać wszystkie twoje grzechy. Wystarczy, że zwrócisz się do Niego, mówiąc: »Panie, przebacz mi!«. To wszystko". On na to: „To niewiarygodne!". Po skończonej wizycie siostra skierowała się do wyjścia, ale gdy jeszcze była w brudnym korytarzu, usłyszała go, jak wołał do innego więźnia z sąsiedniej celi: „Wiesz, co właśnie mi powiedziała ta dobra siostra? Że mogę jeszcze pójść do nieba! Zdajesz sobie sprawę? Może mi się to jeszcze uda!". Jego radosny głos niósł się po całym więzieniu. Zrozumiał, że może jeszcze być zbawiony, on, ten straszny złoczyńca i że było tak prostą rzeczą poproszenie Jezusa o przebaczenie! Chciałby on wykrzyczeć tę dobrą nowinę całemu światu!

„[...] choćby grzechy dusz czarne były jak noc, kiedy grzesznik zwraca się do Miłosierdzia Mojego, oddaje Mi największą chwałę i jest zaszczytem Męki Mojej" (*Dzienniczek*, nr 378).

Gdybyśmy zdawali sobie sprawę ze wspaniałości Serca Jezusa i z przepaści Jego miłosierdzia, to ślepo rzucilibyśmy się w Jego ramiona. Przepaść ta jest niezgłębiona, czegóż więc mamy się bać? Co nas powstrzymuje? To nasz brak ufności w Jego miłosierdzie! Jezus powiedział to do siostry Faustyny: „Nieufność dusz rozdziera wnętrzności Moje. Jeszcze więcej Mnie boli nieufność duszy wybranej; pomimo niewyczerpanej miłości Mojej — nie dowierzają Mi" (*Dzienniczek*, nr 50).

A co w zamian za to podpowiada nam Zły? „Jest za późno, zbyt wiele zrobiłeś, nie ma o czym marzyć, nie wierz w to, że Bóg weźmie cię pod uwagę. Nie masz już żadnej szansy, nie ma co próbować, bo wywołasz Jego jeszcze większy gniew!" Tylu grzeszników daje się przekonać tej jadowitej mowie, niektórzy nawet nie chcą zobaczyć się z księdzem na łożu śmierci. Nigdy nie zapominajmy, że zły jest zazdrosny o daną nam na ziemi możliwość nawrócenia i powrotu do gorejącego Serca Jezusa. Szatan nienawidzi miłosierdzia, które wyrywa mu owładnięte przez niego dusze. Wykrada mu je ono wraz z najciemniejszymi zakątkami. Bóg zawsze pragnie dać nam nową szansę, inną okazję, nawet sto razy na dzień, nie zatrzymując się na naszym godnym politowania stanie… Bóg jest wspaniałomyślny!

Moi przyjaciele, modląc się tą dziesiątką skierujmy nasze spojrzenie ku spojrzeniu Jezusa, aby przekazał nam On, tak jak dobremu łotrowi to samo ciepło miłości i to samo miłosierdzie. Pozostawmy na boku całe poczucie winy i samosąd. Przybliżmy się bez obawy do tej rzeki miłości, która wzmacnia dusze, oczyszcza nas i przemienia, przynosząc nam pokój, pogodę ducha i radość. Teraz mamy okazję spojrzeć na Jezusa i z gorącym sercem postarajmy się dostarczyć Mu takiej samej radości, jak dobry łotr, gdy był na krzyżu.

PIĄTA TAJEMNICA MIŁOSIERDZIA

Zaparcie się Piotra

Oto dotarliśmy do piątej tajemnicy miłosierdzia. Chciałam zakończyć pięknym epizodem (ŁK 22, 54–62): Jezus, po tym, jak został związany, patrzy na Piotra po jego trzykrotnym zaparciu się Go. Występujące tu osoby to Jezus, Piotr, kilku sług i kogut. Dla Żydów z tamtej epoki kogut był bardzo ważnym zwierzęciem, bo ogłaszał koniec nocy i początek dnia. W tym ewangelicznym epizodzie symbolizuje on przejście od ciemności ludzkiej nędzy do światłości Bożego miłosierdzia.

W wieczerniku Jezus ogłasza swój bliski koniec i mówi, w jaki sposób będzie zdradzony. Odczuwamy pewną sympatię do Piotra, który jest bardzo do nas podobny, mówi z przekonaniem: „Choćby mi przyszło umrzeć z Tobą, nie wyprę się Ciebie" (MT 26, 35). Nie zapominajmy, broniąc Piotra, że wszyscy zadeklarowali to samo podczas wieczerzy paschalnej.

Piotr był pewien, że kocha Jezusa i to była prawda — bardzo Go kochał. Nie znał jednak swej nędzy i swych ograniczeń. Miłość Piotra do Jezusa jest jeszcze zbyt ludzka, a więc ograniczona i interesowna. Na pewno Piotra poruszała czułość Jezusa i niepowtarzalny sposób, w jaki go prowadził jak dobry pasterz, nie wahający się dzielić z nim wszystkiego, co stanowiło jego życie. Doceniał skarby, które otrzymywał od Pana, kochał Go, bo był On Człowiekiem wpływowym, potężnym, fascynującym. I rzeczywiście Jezus potrafił mówić do tłumów jak nikt inny, zamykał usta złym, dokonywał niezwykłych znaków i cudów, mnożył je — był to więc naprawdę wspaniały człowiek! Piotr był dumny z tego, że szedł za Nim, że należał do Jego klanu i że był jego przywódcą wyznaczonym przez samego Jezusa.

Jednak nadeszła godzina próby i Jezus ukazuje się swojemu Apostołowi w sposób zupełnie inny. W Ogrodzie Oliwnym Piotr widzi oblicze swojego Bohatera pokryte krwią. Jest On osłabiony, a — co najgorsze — nie stawia żadnego oporu grupie Judasza, która przybyła, by Go pojmać. Zachowuje się jak nędzarz, którego związują. Piotr jest zbulwersowany, nic już z tego nie rozumie i co się dzieje? W tej dramatycznej sytuacji daje jednak dowód wielkiej odwagi, bo wyrusza za Jezusem, aby znać Jego los, nawet z daleka, podczas gdy inni uczniowie od razu uciekają.

Piotr wchodzi na dziedziniec domu Kajfasza i zbliża się do ognia, ponieważ tej nocy było bardzo zimno. Jerozolima jest na 800 metrów wysokości, a to jest dopiero początek kwietnia. Przy ognisku ktoś go rozpoznaje i mówi: „Ten był z Jezusem Nazarejczykiem" (Mt 26, 71). I Piotr zaprzecza: „Nie znam tego człowieka". Potem ktoś następny mówi głośno to samo, i znowu Piotr zaprzecza. Między drugim a trzecim zaparciem się upływa godzina. Godzina? To wieczność, kiedy wypieramy się Tego, który stał się centrum naszego życia. W tej godzinie Piotr cierpi. Stracił wszystko, zmarnował wszystko i topi się w swojej nędzy. Zły nie traci czasu: wykorzystuje tę słabość, to zimno i ten strach, aby nakłonić do grzechu przywódcę Apostołów. Gdzie się podziała ta piękna obietnica, że nigdy nie opuszczę Jezusa? Jak ten odporny i nieustraszony mężczyzna stracił odwagę?

Piotr nie doszedł jeszcze do najgłębszych pokładów swej nędzy. Był przekonany, że kocha Jezusa swymi własnymi siłami i zdolnościami. Teraz czuje się zrozpaczony, bo nie znalazł w sobie odwagi, żeby powiedzieć „tak, znam Go, jestem jednym z nich". W tej godzinie nic już nie zostało z jego marzeń, trzy lata spędzone u boku Jezusa są przyćmione. Wtedy wyprze się on Go po raz trzeci! Ale zanim jeszcze skończy mówić, zapieje kogut. Jest to sygnał, że Jezus zamierza wydobyć go z głębi jego nędzy. Kogut słucha Pana i pieje! Piotr przypomina sobie wtedy słowa wypowiedziane przez Jezusa podczas Ostatniej Wieczerzy: „Zaprawdę, powiadam ci: Jeszcze tej nocy, zanim kogut zapieje, trzy razy się Mnie wyprzesz" (Mt 26, 34). W tej właśnie chwili Jezus kieruje swoje spojrzenie na Piotra. To podniosła chwila! Spojrzenie Zbawiciela napotyka spojrzenie grzesznika, tego, który się Go wyparł. Mój Boże! To w tej właśnie chwili Piotr odnajduje Jezusa, którego zna, Nauczyciela, Proroka, Wcieloną Miłość, Miłosierdzie. Przyjmuje całym sercem to spojrzenie miłości i miłosierdzia, współczucia i łagodności. Szybko więc opuszcza ten ciemny dziedziniec, aby gorzko zapłakać na zewnątrz. Piotr kocha Jezusa i płacze, bo przeszył Serce Tego, którego kocha.

Odtąd Piotr nigdy nie będzie taki sam. Zdaje sobie sprawę ze swojej nędzy, z granic swojej miłości, z tych przechwałek, które maskowały jego brak odwagi i już sam siebie nie rozpoznaje. Myślał, że jest silnym mężczyzną, wybranym przez Jezusa z powodu jego przywódczych zalet, tym, który powiedział pod natchnieniem Ducha Świętego: „Ty jesteś Mesjasz", słowem człowiekiem, na którego Jezus może liczyć. Ale oto on, złamany, wycieńczony, zbolały w głębi swego jestestwa — wszystko zmarnował! Tymczasem właśnie w chwili, gdy odkrywa on swoją nędzę potrójnego wiarołomcy, Jezus przekazuje mu swe wielkie miłosierdzie w milczącym spojrzeniu, bez cienia wyrzutów. To niepowtarzalna chwila w historii zbawienia, w której nędza pierwszego papieża staje się środkiem do osiągnięcia celu, to znaczy zupełnie innej miłości. Tak, odtąd Piotr będzie kochał Jezusa z pokorą, będzie kochał Go tak, jak nigdy przedtem. Piotr płacze z miłości a nie z rozpaczy. Zaczyna się dla niego nowe życie, gdyż odtąd będzie szedł za Jezusem czyniąc się małym tak jak dziecko, licząc tylko na łaskę Bożą, a nie na swoje własne siły.

Od chwili tego spojrzenia, po wylanych łzach Piotr staje się świętym Piotrem, ponieważ złożył całą swoją nędzę w Sercu Jezusa. Czuł, że Jezus mu wybaczył i kochał go z całym jego ubóstwem. Stał się świętym Piotrem, pękniętym kamieniem, na którym Jezus zbuduje swój Kościół, tak, na pękniętym kamieniu, który sam uznaje swoją ułomność. Jezus nie chce budować swojego Kościoła na iluzorycznej, ludzkiej sile, ale na swoim miłosierdziu. Moi drodzy przyjaciele, wszyscy jesteśmy pęknięci, grzeszni, ale mamy ze sobą Jezusa. Nie wypuszcza On nas, ani nie odrzuca podczas próby prawdy, jest Zbawicielem, który zna naszą nędzę i chce wziąć ją na siebie, by przemienić ją w nadprzyrodzoną miłość.

Gdy Jezus objawił się siostrze Faustynie, była ona już bardzo blisko Boga i bardzo zaawansowana w świętości. Ale pewnego dnia Jezus powiedział do niej: „Córko moja, nie ofiarowałaś mi tego, co jest istotnie twoim". Zdumiona, zastanawiała się, czego jeszcze nie oddała, bo szczerze jej się wydawało, że oddała Mu wszystko: życie, młodość, zdrowie, skąpe dobra, ale Jezus dodał: „Córko, oddaj mi nędzę twoją, bo ona jest wyłączną twoją własnością" (*Dzienniczek*, nr 1318).

zaparcie się Piotra

Oczekiwała wszystkiego, tylko nie tego! Czyż nie oddajemy Bogu tego, co najlepsze? Jaki interes miałby Bóg, otrzymując zgniły prezent? Faustyna była przekonana, że ofiarujemy Jezusowi tylko piękne rzeczy, ofiary, małe wyrzeczenia, modlitwy, chwałę, dzieła miłosierdzia, ale nie to, co jest liche, nędzne i cuchnące. Otóż Jezus chce, byśmy oddali Mu to wszystko, potrzebuje On naszej nędzy jako tworzywa do jej przemiany w Boże miłosierdzie i miłość. Jest wiele bogactw w niebie, ale chce On od nas jednego, tego, co do nas naprawdę należy.

Jak oddać tę nędzę Bogu? W spowiedzi! Spowiadając się oddajemy Jezusowi wszystkie nasze ograniczenia, porażki, a Jezus na nas czeka, by utkwić swoje spojrzenie w naszym spojrzeniu, z ogromnym współczuciem, tak jak uczynił to Piotrowi tej nocy.

„Drogie dzieci, proszę was, oddajcie Panu całą waszą przeszłość, całe zło, jakie nagromadziło się w waszych sercach. Pragnę, by każde z was było szczęśliwe, ale z grzechem nikt nie może być szczęśliwy. W ten sposób, drogie dzieci, módlcie się, a w modlitwie poznacie nową drogę radości. Odczujecie radość w sercu. W ten sposób zostaniecie radosnymi świadkami tych rzeczy, które pełnię Ja i mój Syn (23 LUTEGO 1987 ROKU).

Po zmartwychwstaniu Jezus nie powiedział Piotrowi: „Słuchaj, Piotrze, bardzo cię kocham i wybrałem cię na przywódcę Apostołów, ale ty wyparłeś się Mnie trzykrotnie przed wszystkimi, a więc zmieniłem zdanie i wybiorę raczej Jana. On też był na dziedzińcu domu Kajfasza, ale się Mnie nie zaparł. Poza tym stał pod krzyżem. Rozumiesz więc dobrze, że muszę jeszcze raz dokonać wyboru!" Nie, Bóg nigdy nie cofa swoich darów, są one nieodwołalne. Piotr więc został po tych wydarzeniach o wiele lepszym przywódcą. Uświadamiając sobie swoją nędzę, stał się zdolny do zrozumienia nędzy każdego człowieka, nędzy Kościoła, nie osądza z góry skandalicznych zachowań niektórych kapłanów, więźniów grzechu. Teraz rozumie, bo on też zachował się skandalicznie.

Różnica między Piotrem i Judaszem nie jest związana z rodzajem popełnionego grzechu, bo oba grzechy, zaparcie się i zdrada, są grzechami ciężkimi. Różnica polega na tym, że Judasz nie spotkał się ze spojrzeniem Jezusa. Gdy wydał swojego Pana na Górze Oliwnej, Jezus patrzył na niego, Judasz pocałował Go, ale jego uwaga była skupiona na jego perfidnym planie. Wystarczyłoby spotkanie spojrzenia Jezusa, który był gotów wszystko mu przebaczyć, tak jak przebaczył Piotrowi. Jedno Jego słowo by wystarczyło! Powróciłby tak jak Piotr i mielibyśmy świętego Judasza!

A my dzisiaj? Gdy grzeszymy, gdy popełniamy wiele razy ten sam grzech, nigdy nie skupiajmy się na naszej nędzy, bo zły to wykorzystuje, aby nam sugerować: „Widzisz dobrze, że ci się nie udaje, jesteś ostatnim z ostatnich, co teraz robisz ze wszystkimi łaskami otrzymanymi od Jezusa? Wszystko jest stracone dla ciebie, poddaj się!" To jest metoda jego pracy. Zniechęcenie. Jednak Jezus, w ten czy inny sposób, ma swojego małego koguta, który zapieje w naszej nocy, aby przypomnieć nam, że zawsze jest z grzesznikiem, że nigdy nie jest za późno, by rzucić się w Jego ramiona.

W tej dziesiątce zapraszam was jeszcze raz do utkwienia oczu waszego serca w spojrzeniu Jezusa, który jest naszym schronieniem, naszym zbawieniem, naszym szczęściem, naszym niebem! Chcemy w Nim trwać, aby z Nim stanowić jedno i sycić się Jego miłosierdziem. W ten sposób możemy stać się i my także apostołami Jego miłosierdzia, nie naszymi ubogimi siłami, ale jedynie przez Jego nadprzyrodzoną obecność w nas i przez Jego łaskę. Wznieśmy nasze oczy ku Jezusowi już teraz! Stawajmy się tym, co kontemplujemy, stawajmy się miłosierdziem!

„Spójrzcie na Niego, promieniejcie radością, a oblicza wasze nie zaznają wstydu" (Ps 34, 6).

Uzupełnienie

Królowa pokoju mówi: „Wasze modlitwy są dla Mnie bardzo wzruszające, zwłaszcza wasz codzienny różaniec" (25 STYCZNIA 1982 R.).

„Zastanawiajcie się codziennie nad życiem Jezusa i nad moim życiem, odmawiając różaniec" (8 SIERPNIA 1982 R.).

„Drogie dzieci, wszystkie modlitwy, jakie odmawiacie wieczorem w domu, odmawiajcie za nawrócenie grzeszników, gdyż świat znajduje się w stanie grzechu. Codziennie wieczorem odmawiajcie różaniec w rodzinach" (8 PAŹDZIERNIKA 1984 R.).

„Chciałabym, żeby w tych dniach świat jak najwięcej modlił się u mojego boku. Niech wszyscy modlą się przynajmniej na różańcu, niech odmawiają tajemnice radosne, bolesne i chwalebne" (14 SIERPNIA 1984 R.).

„Różaniec nie jest wewnętrzną dekoracją, tak jak często się uważa. Powiedzcie całemu światu, aby się na nim modlił" (18 MARCA 1985 R.).

Gdy Marija Pavlovic spytała Ją: „Jakie jest Twoje orędzie dla kapłanów?", Matka Boża odpowiedziała: „Drogie dzieci, proszę was, byście zachęcały kapłanów do modlitwy różańcowej. Przez różaniec zwyciężycie wszystkie nieszczęścia, które szatan chce wprowadzić do Kościoła katolickiego. Odmawiajcie różaniec wy, wszyscy kapłani. Poświęcajcie czas na różaniec" (25 CZERWCA 1985 R.).

„Drogie dzieci, przyobleczcie zbroję, by walczyć z szatanem i bądźcie zwycięzcami z różańcem w ręku. Dziękuję, że odpowiedzieliście na moje wezwanie!" (8 SIERPNIA 1985 R.).

„Drogie dzieci, dziś proszę was, abyście zaczęły modlić się na różańcu z żywą wiarą. W ten sposób będę mogła wam pomóc. Drogie dzieci, proszę was, żebyście odmawiały różaniec. Niech stanie się on dla was obowiązkiem, który będziecie wypełniać z radością. W ten sposób zrozumiecie, dlaczego tak długo pozostaję z wami. Chcę nauczyć was się modlić" (12 CZERWCA 1986 R.).

„Módlcie się! Niech różaniec w waszych rękach będzie zawsze znakiem dla szatana, że należycie do Mnie" (25 LUTEGO 1988 R.).

„Weźcie do ręki różaniec i zgromadźcie wasze dzieci i całą rodzinę wokół siebie. To jest dla was droga wybawienia. Dajcie dobry przykład waszym dzieciom" (2 LUTEGO 1990 R.).

„Drodzy młodzi, szatan jest silny i będzie robił wszystko, żeby wam przeszkodzić, hamując wszystkie wasze inicjatywy. Módlcie się więc bardziej, gdyż bardzo tego potrzebujecie w tych czasach ostatecznych. Najskuteczniejszą bronią przeciwko szatanowi jest różaniec" (1 SIERPNIA 1990 R.).

Uzupełnienie

„Bóg posłał Mnie do was, abym wam pomogła. Jeśli zechcecie, uzbrójcie się w różaniec! Prosty różaniec może dokonać cudów w świecie i w waszym życiu" (25 STYCZNIA 1991 R.).

„Drogie dzieci, nigdy tak nie potrzebowałam waszych modlitw jak teraz. Tak jak nigdy przedtem proszę was, byście ściskali różaniec w rękach. Ściskajcie go z całej siły" (18 MARCA 1992 R.).

„Drogie dzieci, zachęcam was, byście w swoich rodzinach czy wspólnotach odmawiały tajemnice chwalebne różańca świętego przed krucyfiksem, według moich intencji" (9 WRZEŚNIA 1995 R.).

„Wzywam wszystkich kapłanów, zakonników i zakonnice do modlitwy różańcowej i do uczenia innych modlitwy. Dziateczki, różaniec jest Mi szczególnie drogi. Przez różaniec otwórzcie przede Mną wasze serca, abym mogła wam pomóc" (25 KWIETNIA 1997 R.).

„Gdy czujecie się zmęczeni lub chorzy i gdy nie widzicie sensu życia, weźcie różaniec i módlcie się. Módlcie się dotąd, aż modlitwa stanie się radosnym spotkaniem ze Zbawicielem" (25 KWIETNIA 2001 R.).

„Módlcie się, abyście mogli być apostołami Bożego światła w tym czasie ciemności i rozpaczy. Jest to dla was czas próby. Z różańcem w ręku i miłością w sercu wyruszcie razem ze Mną w drogę. Prowadzę was ku Passze w moim Synu" (2 MARCA 2012 R.).

„Modlitwy, które do Mnie kierujecie, są dla Mnie najpiękniejszymi różami miłości. Muszę być tam, gdzie czuję zapach róż" (2 LUTEGO 2017 R.).

„Drogie dzieci, ofiarujcie Mi różaniec, te róże, które tak bardzo kocham. Róże są waszymi modlitwami odmawianymi sercem, a nie tylko ustami. Róże są waszym dziełem modlitwy, wiary i miłości. Gdy mój Syn był mały mówił Mi, że będę miała wiele dzieci i że będą Mi one przynosić wiele róż. Nie rozumiałam tego. Teraz wiem, że to wy jesteście tymi dziećmi, które przynoszą Mi róże, gdy miłujecie mojego Syna ponad wszystko, gdy modlicie się sercem, gdy pomagacie najuboższym. To są moje róże" (25 GRUDNIA 2017 R.).

„Najpiękniejszą rzeczą jest widok klęczącego człowieka z różańcem w ręku, gdyż paciorki różańca są bronią potężniejszą od bomby atomowej" (DO GRUPY MODLITEWNEJ JELENY).

W lecie 1916 roku anioł pokoju zgromił troje pastuszków z Fatimy, którzy pośpiesznie mówili *Ave Maria, Ave Maria*, by jak najprędzej móc pójść się bawić. „Co wy robicie? — powiedział. — Módlcie się, módlcie się dużo!" Potem Maryja, Królowa różańca świętego, ukazała się im 13 maja 1917 roku i powiedziała: „Codziennie odmawiajcie różaniec w intencji pokoju na świecie i zakończenia wojny!".

Co mówią nam święci?

OJCIEC PIO Z PIETRELCINY. Święty brat kapucyn z Pietrelciny ciągle modlił się na różańcu, ściskając w ręku różaniec jako potężną broń, broń, która pozwoli mu wszystko wyjednać, tak jak mu to obiecała Matka Najświętsza. Mówił: „Odmawiajcie różaniec, odmawiajcie go nieustannie, jak najwięcej. Różaniec jest moją ulubioną modlitwą. To cudowna modlitwa! Cudowna w swej prostocie i głębi". Tak ojciec Pio określał różaniec. Ten brat kapucyn odkrył prawdziwą wartość różańca po odmówieniu setki razy tej modlitwy. Poza tym, jeśli ktoś go pytał, dlaczego odmawia tyle różańca każdego dnia, odpowiadał: „Skoro Matka Boża go tak żywo doradzała podczas wszystkich objawień, to czy nie sądzisz, że miała poważne powody?". Innym razem opowiadał, że widział z okna dziedzińca plac zapełniony wrogami, którzy krzyczeli: na śmierć, na śmierć! Poprosił o pomoc Matkę Bożą, a Ona włożyła mu do ręki różaniec, by nim wymachiwał jak bronią. Wtedy ukazał się w oknie z różańcem w ręku i zobaczył wszystkich swoich wrogów, jak upadają na ziemię, nieżywi.

Ojciec Pio wstawał o pierwszej w nocy, aby przygotować się do odprawiania Mszy św., odmawiając Liturgię Godzin i wiele różańców. Do za dziesięć czwarta pozwalał Matce Bożej, by go przygotowywała i dzięki jego pisemnemu świadectwu wiemy, że Matka Boża osobiście towarzyszyła mu przy ołtarzu ze swoją bezgraniczną, matczyną czułością.

Pewnego dnia ktoś mu powiedział: „Niektórzy mówią, że różaniec jest przeżytkiem. Dlatego w wielu parafiach już się go nie odmawia". Ojciec Pio odpowiedział natychmiast: „Celem szatana jest zniszczenie tej modlitwy, ale nigdy mu się to nie uda, bo to jest modlitwa Tej, która triumfuje nad wszystkimi i nad wszystkim. To Ona nas jej nauczyła, tak jak Jezus nauczył nas modlitwy *Ojcze nasz*".

Pewnego wieczoru, zwracając się do współbrata, który pomagał mu położyć się do łóżka, powiedział: „Bracie, zanim odejdziesz, daj mi broń, która znajduje się w kieszeni mojego habitu". Młody brat, zdumiony, sprawdził, czy rzeczywiście w kieszeniach habitu ojca Pio znajdowała się broń. Ojciec Pio nalegał: „Poszukaj dobrze, ona tam jest". Aby się mu nie sprzeciwiać, brat znowu wsunął rękę do kieszeni habitu i powiedział: „Ojcze, nie znajduję tu żadnej broni, nie ma tu nic poza różańcem". I ojciec Pio odpowiedział: „Czyż to nie jest broń?".

SIOSTRA ŁUCJA Z FATIMY. W 1957 roku siostra Łucja pisała do ojca Fuentesa: „W tych czasach ostatecznych, w jakich żyjemy, Matka Najświętsza zechciała odnowić skuteczność różańca świętego. Uczyniła go tak potężnym, że nie istnieje żaden problem materialny, a zwłaszcza duchowy w życiu prywatnym każdego z nas czy też w życiu naszych rodzin na całym świecie, w życiu wspólnot zakonnych, a nawet w historii ludów i narodów, którego nie mogłaby rozwiązać modlitwa różańcowa. Żaden problem, podkreślam, nie może oprzeć się modlitwie różańcowej. Przez różaniec święty będziemy się zbawiać, uświęcać, pocieszać Pana i wyjednywać zbawienie wielu dusz".

W 1970 roku siostra Łucja napisała do swojej współsiostry:

„Różaniec jest modlitwą ubogich i bogatych, uczonych i prostaczków. Zabranie im tej pobożności byłoby równoznaczne z pozbawieniem ich codziennego chleba duchowego. Różaniec zasila mały płomyk wiary, który jeszcze całkiem nie zgasł w wielu sumieniach. Nawet dla dusz, które modlą się bez medytacji, ten prosty gest wzięcia różańca, aby się modlić, oznacza już, że pamiętają o Bogu, o tym, co nadprzyrodzone. Proste przypomnienie tajemnicy przy każdej dziesiątce podtrzymuje jeszcze zapalony płomyk w duszach. Oto, dlaczego demon wypowiada mu niemiłosierną wojnę! Najgorszą rzeczą jest to, że udało mu się odwieść i zmylić dusze pełne odpowiedzialności. Są to ślepi, którzy prowadzą ślepych".

W październiku 2001 roku siostra Łucja napisała do wszystkich wspólnot maryjnych na świecie:

„Matka Najświętsza prosi nas, abyśmy odmawiali różaniec z większą wiarą i żarliwością, kontemplując tajemnice radosne, bolesne i chwalebne Jej Syna, który chciał Ją włączyć w tajemnicę odkupienia. Kiedy przesuwamy paciorki różańca, łączą się z nami aniołowie i święci. Dlatego nalegam, abyście odmawiali go w głębokim skupieniu i z wiarą, rozważając sens tych tajemnic z pobożnością. Odmawiajcie go prywatnie albo we wspólnocie, w domu albo poza domem, w kościele albo na ulicy, prostym sercem, idąc krok po kroku drogą Matki Bożej wraz z Jej Synem. Odmawiajcie go zawsze z żywą wiarą za nowo narodzonych, za cierpiących, za pracujących, za umierających. Odmawiajcie go jednogłośnie ze wszystkimi sprawiedliwymi na ziemi i ze wszystkimi wspólnotami maryjnymi, ale przede wszystkim z prostotą maluczkich, których wiara jednoczy się z wiarą aniołów. Jeszcze nigdy tak jak dzisiaj świat nie potrzebuje waszego różańca. Często odmówienie jednego różańca uśmierza gniew Bożej sprawiedliwości, wyjednując miłosierdzie dla świata i dla zbawienia wielu dusz".

I jeszcze:

„Upadek świata jest bez żadnych wątpliwości skutkiem zaniechania ducha modlitwy. Przewidując ten upadek, Matka Najświętsza kładła bardzo duży nacisk na konieczność modlitwy różańcowej: różaniec jest najpotężniejszą bronią, którą dysponujemy, aby bronić się bez bitwy".

ŚW. JAN BOSKO. Największy wychowawca młodzieży traktował różaniec jako podstawowe narzędzie swojej metody pedagogicznej. W dniu, w którym markiz Roberto d'Azeglio udał się do kaplicy, aby go tam odwiedzić, bo bardzo podziwiał dzieło Don Bosko, skrytykował modlitwę różańcową, jego zdaniem niepotrzebną i nudną, sugerując jej zniesienie. Ale Don Bosko odpowiedział stanowczo i z łagodnością:

„Najbardziej mi zależy na tej praktyce i powiedziałbym nawet, że jest ona podstawą całego mojego dzieła. Jestem gotów zrezygnować z wielu innych ważnych rzeczy, ale nie z różańca!"

Nawet jego sny zachęcały go do zaszczepienia w młodych miłości do różańca. Zwłaszcza jeden fakt, który nawiązuje do wigilii Wniebowzięcia w 1862 roku, ukazuje nam potęgę różańca.

Don Bosko, często pouczany przez Boga w snach, śnił, że znajduje się w swojej rodzinnej wiosce, u brata, ze wszystkimi młodymi. Oto ukazała mu się Przewodniczka jego snów i zaprosiła go na łąkę w pobliżu podwórka i pokazała mu ogromnego węża, 7–8 metrów długości. Don Bosko był przerażony i chciał zmykać. Jednak Przewodniczka zatrzymała go, mówiąc, żeby się nie bał. Potem poszła po sznur i podała go Don Bosko mówiąc: „Weź ten sznur za jego koniec i trzymaj go mocno. Ja wezmę go za drugi koniec i rozciągniemy go nad wężem". „A potem?" „A potem uderzymy go w grzbiet sznurem". „O nie, tylko nie to! Biada nam, jeśli tak zrobimy. Wąż gwałtownie nas zaatakuje i poćwiartuje". Jednak Przewodniczka nalegała i zapewniła go, że wąż nie zrobi mu żadnej krzywdy. Don Bosko zgodził się więc na to, o co go prosiła Przewodniczka. Wtedy podniosła Ona sznur i uderzyła gada w grzbiet. Wąż odwrócił się, chcąc ugryźć tego, kto go uderzył, ale pozostał więźniem tak jak w pętli. „Trzymaj mocno — zawołała Przewodniczka — i nie puszczaj!" I pobiegła przywiązać koniec sznura do pobliskiej gruszy. Potem chwyciła koniec, za który trzymał Don Bosko i przywiązała go do kraty okna domu. W tym czasie wąż miotał się z wściekłością i walił głową i ciałem o ziemię z taką gwałtownością, że jego ciało rozpadało się na kawałki, które rozpryskiwały się daleko. Po jakimś czasie pozostał z niego tylko obdarty z ciała szkielet. Gdy zdechł, Przewodniczka odwiązała sznur, złożyła go i włożyła do pudełka. Niedługo potem otworzyła je. Ku ich wielkiemu zdumieniu, święty i młodzi, którzy przybiegli, zobaczyli, że sznur ułożył się w kształcie następujących słów: *Ave Maria*. Przewodniczka tłumaczyła: „Wąż przedstawia szatana, a sznur — *Ave Maria* czy raczej różaniec, który jest łańcuchem *Ave Maria*, przez który można pokonać, zwyciężyć i zniszczyć wszystkie demony z piekła".

Potem jednak Don Bosko był obecny przy bardzo bolesnej scenie. Widział, jak młodzi zbierali kawałki ciała węża, jedli je i zatruli się nimi. Nie miałem zamiaru z nich rezygnować — mówił Don Bosko — bo na przekór moim przestrogom nadal jedli. Złajałem jednego i drugiego. Jednego uderzyłem w twarz, uderzyłem pięścią następnego, starając się przeszkodzić im w jedzeniu, ale na próżno. Byłem bardzo wzburzony, gdy zobaczyłem wielką liczbę młodych leżących na ziemi,

W wielkiej nędzy. Wtedy Don Bosko spytał Przewodniczkę: „Czy nie ma żadnego lekarstwa na to zło?". „Tak, jest lekarstwo". „Jakie?" „Pozostało już tylko kowadło i młot". „Jak to? Czy mam położyć ich na kowadle i bić młotem?" „Właśnie o to chodzi — odpowiedziała Przewodniczka. — Młot to spowiedź, a kowadło to Komunia św. Trzeba posłużyć się tymi dwoma narzędziami".

ŚW. LUDWIK MARIA GRIGNION DE MONTFORT, ten wielki znawca różańca, przestrzegał nas przed dwoma niebezpieczeństwami:

„Nade wszystko wystrzegaj się dwóch powszechnych błędów, jakie popełniają niemal wszyscy ci, którzy odmawiają Różaniec lub jego część.

Pierwszy polega na tym, że ludzie odmawiając Różaniec, nie podejmują żadnej intencji, tak że gdyby ich spytać, dlaczego odmawiają Różaniec, nie umieliby odpowiedzieć. Dlatego, gdy odmawiasz Różaniec, zawsze miej na względzie jakąś łaskę, o którą prosisz, jakąś cnotę, którą chcesz naśladować, czy jakiś grzech, który chcesz zniszczyć.

Drugi zazwyczaj popełniany błąd przy odmawianiu Różańca Świętego to brak jakiejkolwiek intencji na początku prócz tej, żeby go szybko skończyć. Bierze się to stąd, że ludzie patrzą na Różaniec jako na coś uciążliwego, co mocno ciąży na barkach, jeśli się go nie odmówi. Zwłaszcza kiedy ktoś zrobił sobie z tego zasadę sumienia albo gdy dostał go za pokutę i jakby wbrew sobie.

Na widok tego, jak większość ludzi odmawia Różaniec lub

jego część, człowieka bierze litość. Odmawiają go z zadziwiającym pośpiechem, wręcz połykają część słów. W tak żałosny sposób nie chciałoby się powiedzieć komplementu nawet ostatniemu z ludzi, a wydaje się nam, że Jezus i Maryja będą tym zaszczyceni!

Czy w takim razie należy się dziwić, że najświętsze modlitwy religii chrześcijańskiej pozostają jakby zupełnie bez owoców i że po odmówieniu tysiąca i dziesięciu tysięcy Różańców człowiek nie staje się przez to bardziej święty?"

Ten wielki, maryjny święty mówił także: „Nigdy nie mogłem odmówić ani jednego *Zdrowaś Mario* bez rozproszenia! A kiedy Duch Święty spotyka miłość Maryi w jakimś sercu, to tam frunie!".

PROBOSZCZ Z ARS został kiedyś zaproszony do głoszenia ćwiczeń duchowych w miejscowości znajdującej się w pobliżu Ars. Najpierw spytał proboszcza tamtejszej parafii, czy ktoś z wiernych jest gotów intensywnie się modlić. Wskazał mu on ubogą żebraczkę, która umiała tylko modlić się na różańcu. Święty Proboszcz podszedł do ubogiej kobiety i poprosił ją, żeby odmawiała różaniec przez cały czas trwania ćwiczeń duchowych. Żebraczka posłuchała. Misja powiodła się bardzo dobrze. Mnożyły się nawrócenia i święty Proboszcz mówił z radością: „Nie mam tu żadnej zasługi. Stało się tak dzięki Matce Najświętszej wzywanej przez żebraczkę w różańcu".

Św. Ludwik Maria Grignion de Montfort, *Przedziwny sekret Różańca Świętego wraz z metodami odmawiania Różańca*, nr 126–127, tłum. Agnieszka Kuryś, Wydawnictwo PROMIC, Warszawa 2018, s. 174–175.

PAPIEŻ LEON XIII (1810–1913) przedstawia różaniec jako lekarstwo na trzy podstawowe rodzaje zła, które zasmucały społeczeństwo jego czasów: 1. Niechęć do życia pokornego i pracowitego, którą uzdrawia rozważanie tajemnic radosnych; 2. Przerażenie, jakie budzi cierpienie, które uzdrawia rozważanie tajemnic bolesnych; 3. Obojętność na przyszłe dobra, którą uzdrawia rozważanie tajemnic chwalebnych (por. encyklika *Supremi apostolatus officio*).

ŚW. TERESA OD DZIECIĄTKA JEZUS, święta od małej drogi i dziecięctwa duchowego, potwierdza, że jak ciężkie by nie były grzechy ludzi, to „różańcem można wyjednać wszystko. Różaniec jest jak wielki łańcuch, który łączy ziemię z niebem, jeden jego koniec jest w naszych rękach, a drugi — w rękach Matki Najświętszej. Dopóki będziemy modlić się na różańcu, Bóg nie porzuci tego świata, bo Jego Serce nie może oprzeć się tej modlitwie. Słodka Królowa niebieska nie może zapomnieć o swoich dzieciach, które nieprzerwanie wyśpiewują Jej chwałę. Różaniec wznosi się jak kadzidło do stóp Wszechmogącego. Maryja zaś oddaje go nam jak rosę, która odrodzi nasze serca. Żadna modlitwa tak nie podoba się Bogu, jak różaniec".

ŚW. JÓZEF CAFASSO opowiada, że pewnego dnia, bardzo wcześnie rano, spotkał na ulicach Turynu drobną staruszkę skupioną na modlitwie. Święty podszedł do niej i spytał: „Jak to się stało, że jesteś tutaj o tak wczesnej godzinie, moja dobra pani?". „Mam zamiatać ulice" — odpowiedziała. Święty spytał zdumiony: „Co to znaczy?". „Tej karnawałowej nocy zostało popełnionych wiele grzechów. Idę więc, modląc się na różańcu, aby oczyścić ulice ze wszystkich tych grzechów".

ŚW. MAKSYMILIAN KOLBE. W dzienniku tego wielkiego apostoła Maryi, nam współczesnego, znajdujemy krótkie zdanie, rodzaj maksymy: „Ile różańców, tyle zbawionych dusz!".

ŚW. POMPILE PIRROTTI był wspaniałym apostołem różańca za dusze czyśćcowe. Różaniec zbliżył go bardzo do dusz czyśćcowych, które okazywały mu wdzięczność za pokrzepienie, które przynosiła im ta modlitwa. Jego więź z duszami czyśćcowymi stała się tak głęboka, że gdy święty odmawiał różaniec, słyszano dusze zmarłych, jak odmawiały drugą część *Zdrowaś Mario*.

ŚW. MATKA TERESA Z KALKUTY: „Uchwyćcie się różańca tak jak bluszcz drzewa, bo bez Matki Bożej nawet stać nie możemy".

DON GABRIELE AMORTH, dawny przełożony wszystkich egzorcystów, zmarły we wrześniu 2016 roku: „Różaniec jest prawdopodobnie najbardziej znanym egzorcyzmem na świecie". We wstępie do swojej ostatniej książki „Mój różaniec" (edycja San Paulo) pisze: „Myślę, że różaniec jest najpotężniejszą modlitwą po Mszy św. i Liturgii Godzin". W tej ostatniej książce, napisanej w wieku 90 lat, postanowił odkryć źródło swej wewnętrznej siły. Jest nim właśnie różaniec i codzienne rozważanie dwudziestu tajemnic. To ta modlitwa zawsze go podtrzymywała w codziennej walce ze złem przez wszystkie lata spędzone w diecezji rzymskiej.

KARDYNAŁ ERNEST SIMONI. Podczas reżimu komunistycznego w Albanii był kilkakrotnie skazany na śmierć, spędził ponad dwadzieścia lat w więzieniu i na przymusowych pracach w kanałach. W czasie festiwalu młodych w Medjugoriu w 2017 roku powiedział:

„Kto odmawia trzy różańce w ciągu dnia, zobaczy niewyobrażalne cuda. Kochajcie więc różaniec, módlcie się na nim. Gwarantuję wam, że Maryja Dziewica, Królowa pokoju, napełni was wieloma łaskami i — bądźcie tego pewni — otrzymacie światło i pokój. Wszystko, o co poprosicie Matkę Najświętszą, zostanie przedstawione Jezusowi i Jezus tego wysłucha. Chcę o tym zaświadczyć właśnie tutaj, w tych dniach. Nie bójcie się, jest Ona z nami i zawsze będzie chroniła świat!"

Świadectwa

Kiedy Królowa różańca świętego przekracza nasze oczekiwania

Niektóre zgromadzenia zakonne uważają za swój obowiązek zamknięcie klasztoru z powodu braku powołań. Czy to znak czasu? A gdyby znaleźć jakieś rozwiązanie? Bardzo proste rozwiązanie, oto jego przekonujący przykład:

Jesteśmy w Quito (Ekwador) w 1984 roku... Karmel, noszący nazwę *Carmen Alto*, bardzo ubogi, podupadły z powodu braku powołań. Ponieważ siostry są w starszym wieku, został zamknięty nowicjat. Od wielu lat nie było żadnego nowego powołania. Przeorysza, matka Maria Helena od Serca Jezusa usłyszała o Medjugoriu i odzyskała nadzieję. Siostra Luicela, włoska zakonnica ze zgromadzenia św. Doroty przyjechała do niej pewnego dnia, aby ją zawiadomić, że wyjeżdża do Medjugoria z grupą pielgrzymów. Matka Maria Helena od razu poprosiła ją, aby modliła się w Medjugoriu w intencji powołań do jej Karmelu i aby spotkała się z jednym z widzących, by ten mógł powierzyć tę intencję Najświętszej Maryi Pannie. Wiedząc, że jest możliwe napisanie listu do Matki Bożej i że odpowiada Ona w sercu w czasie modlitwy, w latach osiemdziesiątych odpowiadała nawet na pytania, napisała list i powierzyła go siostrze Luiceli. Zresztą zgromadzenie św. Doroty miało ten sam problem braku powołań.

Siostra Luicela nie mogła skontaktować się z żadnym z widzących, ale uczestniczyła w objawieniu publicznym. Kiedy widząca podzieliła się ze wszystkimi tym, co Matka Najświętsza powiedziała jej podczas objawienia, siostra była tym głęboko poruszona. Oto Jej orędzie: „Wszystkie wspólnoty, które codziennie będą razem odmawiać trzy części różańca według intencji mojego Niepokalanego Serca, wyjednają moją szczególną opiekę i będę dla nich wybierać powołania".

Po powrocie siostra Luicela przekazała orędzie przeoryszy Karmelu, rozumiejąc w głębi serca, że było ono skierowane bezpośrednio do niej. Na początku zastanawiała się nad sensem wyrażenia „intencje mojego Niepokalanego Serca", a potem zrozumiała. Było dla niej jasne, że intencje Matki Bożej są intencjami Boga!

Przy okazji zebrania kapituły zakonu przeorysza zaproponowała siostrom codzienne wspólne odmawianie trzech części różańca i przyjęły one wszystkie z entuzjazmem prośbę Najświętszej Maryi Panny. Siostry zmodyfikowały rozkład zajęć, aby wprowadzić tę nowość i modliły się nawet w czasie pracy. Był to początek wielkiej pobożności maryjnej. Po kilku miesiącach pojawiła się pierwsza kandydatka, siostra Maria od Aniołów, a potem wiele następnych. Powołania stały się tak liczne, że w 1998 roku przeorysza musiała założyć drugi Karmel na Santo Domingo w Ekwadorze.

Kiedy liczba sióstr przekroczyła 21, graniczna liczba dla Karmelu, musiały założyć jeszcze jeden Karmel w Panamie. 23 stycznia 2017 roku pierwsze karmelitanki z Santo Domingo przybyły do Panamy. Ponad pięciuset wiernych, księży i sióstr uczestniczyło w błogosławieństwie Karmelu udzielonym przez biskupa tytularnego, Manuela Ochogavia i biskupa Santo Domingo, Bertrama Wicka. Jest rzeczą oczywistą, że tradycja wspólnego odmawiania trzech części różańca pozostała bardzo żywa, nawet w tych nowych Karmelach!

Podczas mojej misji w Galilei, w kwietniu 2017 roku, siostra, która opowiedziała mi tę historię w Karmelu w Haifie, siostra Marie-Lorene, mówiła: „Jestem jednym z owoców orędzia Maryi i Jej modlitw, ponieważ zaczęłam moje życie zakonne w Karmelu na Santo Domingo!".

Kilka lat temu matka Maria Helena odwiedziła klasztor klarysek. Po usłyszeniu jej świadectwa klaryski postanowiły także rozpocząć tę modlitwę, aby wyjednać powołania zgodnie z orędziem Matki Bożej. Nie potrzeba dodawać, że niedługo potem pojawiły się pierwsze nowicjuszki.

Teraz lepiej rozumiemy, dlaczego Gospa powtarza tak często: „Drogie dzieci, zachęcam was, byście żyły moimi orędziami". W obecnej chwili wyzwanie dla całego świata i dla Kościoła jest ogromne. Absolutnie nie możemy zaniedbać żadnego sposobu, żeby zwyciężyć. Oby to niezawodne rozwiązanie, które proponuje nam Matka Boża Różańcowa, mogło na nowo dodać nadziei Jej zasmuconym dzieciom, zniechęconym przez swoje problemy. Najświętsza Maryja Panna nigdy nie zawodzi nikogo.

Różaniec pani Siemieńskiej

W wieku 24 lat Adam Chmielowski był już znanym malarzem. Piękny, młody, bogaty, robiący wrażenie, „ma wszystko przed sobą", aby użyć sformułowania kryjącego w sobie największą pułapkę na świecie. Pod koniec XIX wieku elity warszawskie biją się o jego płótna i jego sukces obiecuje mu najwspanialszą karierę. Katolik według tradycji rodzinnej, Adam jest prawy i uczciwy, ale zaczął się skłaniać ku praktykom bardziej, niż wątpliwym, nawet okultystycznym. Pewnego wieczoru spotkał się ze swoimi bogatymi przyjaciółmi z Krakowa, którzy go zapraszali na seanse spirytystyczne. Pośrodku salonu Siemieńskich stał duży, drewniany stół, bardzo ciężki i obramowany grubymi elementami metalowymi. Idealny dla ich zajęć, w czasie których wywoływało się „duchy", a one reagowały, sprawiając, że stół podskakiwał, tak jakby był lżejszy niż piórko. Adam był zafascynowany!

Jednak w oddalonym kącie pomieszczenia pogrążonego w ciemności ktoś cierpiał. To pani Siemieńska, żona prowadzącego grę. Żarliwa katoliczka, znała Pismo Święte i wiedziała, jak bardzo zajęcia jej męża nie podobały się Bogu. Czyż nie jest wyraźnie napisane, że jest to odrazą przed Panem, Bogiem żywym?* Jednak zależało jej na tym, by pozostać w swoim kąciku i się modlić, mając nadzieję, że jej błagania będą mogły odpędzić złe duchy i zatrzymać spustoszenie w duszy tych zbłąkanych. Przesuwała paciorki różańca błagając

---

„Gdy ty wejdziesz do kraju, który ci daje Pan, Bóg twój, nie ucz się popełniania tych samych obrzydliwości jak tamte narody. Nie znajdzie się pośród ciebie nikt, kto by przeprowadzał przez ogień swego syna lub córkę, uprawiał wróżby, gusła, przepowiednie i czary; nikt, kto by uprawiał zaklęcia, pytał duchów i widma, zwracał się do umarłych. Obrzydliwy jest bowiem dla Pana każdy, kto to czyni. Z powodu tych obrzydliwości wypędza ich Pan, Bóg twój, sprzed twego oblicza. Ty całkowicie pozostaniesz przy Panu, Bogu swoim. Te narody bowiem, które ty wydziedziczysz, słuchały wróżbitów i wywołujących umarłych. Lecz tobie nie pozwala na to Pan, Bóg twój" (Pwt 18, 9–14).

Matkę Bożą o interwencję. Ale oto duchy objawiły się z mocą! Ciężki stół zaczął się kręcić i przesuwać po salonie. Jej krew zwyciężczyni zaczęła wrzeć, już nie mogła wytrzymać. Z różańcem w ręku wstała, szybko skierowała się w stronę grupy spirytystów i w geście gniewu rzuciła swój różaniec na stół. Z wytrzeszczonymi oczami, niemy z osłupienia i zadziwiony, Adam patrzył. Pod różańcem pani Siemieńskiej stół zatrzymał się i złamał na dwie części. Adam świadczył: „Usłyszeliśmy wtedy jakby wystrzał z pistoletu. Przerażeni spirytyści zapalili światło i pozostali osłupiali ze zdumienia. Śmiertelna cisza...

Adam przeżył właśnie szok swojego życia. Utkwił spojrzenie w małym różańcu leżącym przy stole niemiłosiernie złamanym, jak mały kamyk Dawida przy bezwładnym ciele wielkiego Goliata. Zrozumiał, nie trzeba mu było nic więcej w tej walce dobra ze złem. Matka Boża zwyciężyła szatana zwykłym różańcem! Odtąd jego życie radykalnie się zmienia, pozostawia swe bogactwa, sukcesy i wątpliwe zajęcia z elitami, przekształci swoją sztukę, aby namalować oblicze Chrystusa, aż w końcu odda się służbie ubogim. Będzie nawet mieszkał wśród nich, w brudnych norach, w których byli oni pozostawieni sami sobie, a także ze złodziejami warszawskimi. Będzie im głosił Dobrą Nowinę o Chrystusie i uczyni ich uczniami. Założy zgromadzenie zakonne albertynów. Przykład jego miłości, cudów, współczucia dla ubogich i szaleństwa w naśladowaniu Chrystusa będą tak zauważalne, że otrzyma on inną formę chwały, boską i trwałą. Adam, brat Albert, powróci do Ojca w 1916 roku, w dzień Bożego Narodzenia, w wieku 71 lat, a jego rodak, Jan Paweł II, kanonizuje go 12 listopada 1989 roku.

Zaś pani Siemieńska dowiedziała się z pewnością dopiero w niebie o owocach jej różańca i ofiarowanego cierpienia. Tamtego dnia, w kącie jej ciemnego salonu, jak mogła się domyślać, że ten sławny przyjaciel jej męża, ten młody i wspaniały Adam, pozwoli się zwyciężyć tym prostym *Ave Maria* odmawianym w sercu, aż zostanie świętym? Jak mogła mieć ona nadzieję, że ujrzy na własne oczy moc Maryi zwyciężającą siły zła?

Wspomnienia rodzinne...

Moja babcia ze strony matki w wieku stu lat odmawiała codziennie różaniec. Jednak pewnego wieczoru, kiedy odmawiałam go razem z nią, zwierzyła mi się: „Moja droga, widzisz, odmawiam modlitwę różańcową. Ale muszę ci się przyznać, że kiedy ją skończę, jestem bardzo zadowolona! Ale nie mam tak jak wy, *mali Maillardowie* (tak właśnie nas nazywała!), radości na modlitwie. I to mnie martwi! Powinnam odczuwać radość na modlitwie, bo Bóg jest dobry". Upewniłam ją w tym i obiecałam, że będę się za nią modlić w Medjugoriu, aby mogła zakosztować radości na modlitwie. Ona także ze swej strony miała prosić Maryję o tę łaskę.

Kilka miesięcy później zobaczyłam się z nią ponownie i zadałam jej pytanie o różaniec. Odpowiedziała mi zachwycona: „Widzisz, moja droga, już dobrze. Warto było czekać sto lat, aby otrzymać tę łaskę". Zjednoczyłyśmy po prostu nasze głosy, aby prosić o tę łaskę Matkę Najświętszą w wieku stu lat, nigdy nie jest za późno!

Podczas drugiej wojny światowej *mój ojciec* został zatrzymany za swoją działalność w ruchu oporu. Spędził trzy lata uwięziony w obozach koncentracyjnych w Niemczech razem z dziesięcioma mężczyznami z jego ugrupowania. Jako wielki miłośnik Matki Bożej dużo modlił się na różańcu. Jego matka, której był jedynym synem, nie miała od niego żadnej wiadomości, ale ufając Maryi, cały czas wierzyła w jego powrót, odmawiając różaniec za różańcem.

Pewnego dnia, gdy mój ojciec był wyczerpany i wygłodzony, tak jak wszyscy jego towarzysze, esesmani stojący na warcie kazali więźniom przenosić kamienie z kamieniołomu na miejsce, w którym mieli wznieść budynek. Każdy więzień dostał kamień do przeniesienia. Kiedy mój ojciec zobaczył kamień, który został mu przydzielony, zrozumiał, że nadeszła jego godzina, bo nie mógł go ruszyć ani trochę, tak był on wielki. Wiedział też, że jeżeli go nie uniesie, wskoczą na niego psy i esesmani wykończą go jak zwierzę. Widział takie sceny przedtem.

Stojąc przy kamieniu w swym strapieniu, podniósł oczy. Ujrzał wtedy prosty domek wiejski, na którego fasadzie znajdowała się mała wnęka z figurą Matki Bożej. Gdy mój ojciec zobaczył figurę, zawołał wewnętrznie: „Maryjo, ratuj mnie!". W tym samym momencie kamień nic nie ważył. Ojciec mówił, że stał się lżejszy od konfetti!

Spośród wszystkich więźniów tylko on powrócił żywy, dzięki czemu mogłam go zobaczyć. Nie trzeba dodawać, że mój ojciec nigdy nie zaniedbywał modlitwy różańcowej.

Dla Boga nie ma nic niemożliwego!

Dalekie misje otwierają przed nami zawsze nieoczekiwane horyzonty! Jednym z moich najpiękniejszych doświadczeń przeżytych w Argentynie była wizyta w więzieniu dla mężczyzn, w listopadzie 2018 roku, najcięższym, bo zarezerwowanym dla zbrodniarzy. Dziesięć lat temu dwaj mężczyźni postanowili wydobyć ich z rozpaczy, świadczyć im o Bożej miłości i w końcu doprowadzić ich do głębokiego nawrócenia. Dzisiaj, przybywając do tego więzienia, znalazłam mężczyzn uśmiechniętych, spokojnych, delikatnych jedni wobec drugich, co moim oczom wydawało się niewiarygodne! To ta długa historia miłości pozwoliła tym dwóm głosicielom Ewangelii wprowadzić modlitwę różańcową do tego więzienia. Matka Boża dokonała cudów w ich sercach.

Nigdy nie zapomnę tej wizyty. Gdy drzwi się otworzyły, abyśmy stamtąd wyszli, nie mieliśmy ochoty opuszczać tych więźniów, którzy stali się naszymi braćmi. Przybyliśmy tam, by ewangelizować, ale to my byliśmy ewangelizowani przez tych mężczyzn, których życie zostało złamane i którzy dzięki modlitwie różańcowej i macierzyńskiej miłości Maryi stali się niezwykłymi świadkami mocy zmartwychwstałego Chrystusa.

Ale oddaję głos Damianowi, bohaterowi tej niezwykłej historii:

Kiedy telefon dzwoni o 6.35 rano, możesz być pewien, że to nie będzie dobra wiadomość. To była nasza dziewiętnastoletnia córka, Łucja, która pomimo sytuacji była całkiem spokojna. W drodze na uniwersytet miała straszny wypadek. Razem z Józefiną, moją żoną, pospieszyliśmy na to miejsce.

Jeden z przejeżdżających tamtędy samochodów był samochodem Coco Oderigo, który wiózł ósemkę swoich dzieci do tej samej szkoły, do której chodziły nasze dzieci. „Damian, czy jesteś w tarapatach? Co się stało? Czy są zmarli? Zostawię dzieci w szkole i zaraz wrócę, żeby ci pomóc w załatwianiu spraw". Nigdy nie zdołam mu za to dość dziękować, bo jego ekspertyza adwokata od spraw karnych uratowała nas od wielu komplikacji. Nieco później spotkałem go przy drzwiach do szkoły.

— Coco, potrzebuję z tobą porozmawiać.

— Tak, oczywiście. Chodź, napijemy się kawy.

Byliśmy dość dobrymi przyjaciółmi — Coco i ja. Mieliśmy tę samą hierarchię wartości, jeśli chodzi o rodzinę i o religię. Jednakże tego ranka wydawało mi się, że za bardzo oddala się z drogi, aby po prostu napić się kawy. Ale on był szefem, a więc jechałem za nim. Potem droga stała się bardzo zła i nagle znalazłem się przed ogrodzeniem. I nie było to wejście do kawiarni. Zaparkowaliśmy nasze samochody obok wielkiego, szarego budynku, otoczonego drutem kolczastym.

— Co to jest?
— To więzienie.

Nigdy nie byłem w więzieniu, a zwłaszcza w więzieniu wybudowanym na terenie, gdzie było wysypisko śmieci.

— Znam cię wystarczająco dobrze, żeby wiedzieć, że będzie to ci się podobało — powiedział Coco. — Od czterech lat uczę więźniów grać w rugby. Powiedziałem im, że dziś przyprowadzę im trenera. Dlaczego więc nie zaczniesz myśleć o tym, co masz im powiedzieć? Daj mi twój dowód osobisty. Jesteśmy już przy wejściu do więzienia.

Pozostało mi tylko pięćdziesiąt metrów na pomyślenie, co mógłbym im powiedzieć, ale żadna jasna myśl nie przychodziła mi do głowy. W moim sumieniu pomyślałem, że Coco ma rację — to mi się podobało. Znalazł stosowny sposób, by zaciągnąć mnie do więzienia. Minutę później znalazłem się na terenie sportowym w opłakanym stanie wraz z trzynastoma włóczęgami, raczej brudnymi, w kostiumach do rugby. Otaczali mnie oni i przedstawiali się bardzo śmiesznymi przezwiskami. Chodziło o *Espartanos*: *Liebre* (zając), *Diente* (ząb), *Piojo* (wesz), *Chino* (Chińczyk).

Mówiłem im o zasadach rugby i o znaczeniu gry w ekipie. Dla osiemnastoletnich Urugwajczyków, których samolot spadł na pasmo Andów, rugby było pomocą w przeżyciu siedemdziesięciu dwóch dni w tym lodowatym więzieniu bez pożywienia i wody. Nigdy nie zapomnę ich pierwszych serdecznych uścisków. To tak, jakbym uosabiał dla nich wolność, której byli spragnieni. Serdeczny uścisk, który otrzymałem tego ranka od każdego z nich, był ich jedynym kontaktem z zewnętrznym, wolnym światem. Było to głęboko poruszające doświadczenie.

Kilka miesięcy później powiedziałem do Coco, że chcę powrócić do *Unidad Penitentiaria* nr 48, aby ich odwiedzić. Naprawdę brakowało mi ich. Miał on pomysł zorganizowania rekolekcji w *Pabellun 8, Pabellun rugby*.

—Znajdziemy jakichś mówców, księdza, aby była Msza św., ty wybierzesz temat, skoro teraz jesteś ich trenerem. I zamykamy dzień.

Mój wykład w tym dniu był na temat różańca i jego skutków w moim życiu. Gdy byłem dzieckiem, było nas trzynaścioro braci i sióstr. Klękaliśmy przy łóżku rodziców, by ofiarować nasz różaniec Najświętszej Maryi Pannie. Takie były irlandzkie korzenie mojej rodziny, ze strony matki i ojca. Nasz dom przypominał raczej więzienie. Zastraszanie, niesprawiedliwość, brak pieniędzy, ubrania, pożywienia, bycie w niewoli u wielkich, i wszelkiego rodzaju łamanie praw człowieka, aby to powiedzieć z odrobiną humoru. I tyle pracy! Nie znajdowałem zbyt wiele sensu w tym wszystkim, nawet jeśli rodzice naprawdę oddawali życie za nas wszystkich. Jednak jako dziecko byłem wielkim egoistą i nie mogłem zrozumieć, dlaczego mam tylu braci i sióstr i tak mało komfortu. Gdy jednak odmawialiśmy różaniec, szczególna łaska zstępowała z nieba i wszystko przemieniała. Wtedy wszystko nabierało sensu. W tych chwilach otaczał nas pokój i rodzice stawali się najlepszymi rodzicami na świecie. I domyśl się co? Kochałem

Świadectwa

wtedy bardzo moich braci i siostry! Razem bawiliśmy się bez kłótni. Było to dla mnie jasne — tak było dzięki modlitwie różańcowej.

Zachowywałem ten zwyczaj aż do założenia rodziny razem z Józefiną i otrzymaliśmy tę samą łaskę. Stało się to prawdziwe, gdy poznałem dziagnozę postawioną Michaelowi, najmłodszemu z naszych dzieci — zanik mięśni Duchenne'a. Doznałem wtedy właśnie pozytywnego szoku duchowego i zrozumiałem, że każdy odmówiony różaniec i każda przeżyta Msza św. uobecniały się i w końcu miały sens. Łagodny głos mówił mi: wszystko to było po to, aby zaakceptować z miłością chorobę mojego syna, aby przyjąć tego anioła, aby unieść ciężar krzyża. Równocześnie z tym uderzeniem jakby sztyletu strumień miłości wytrysnął z mojego serca. Ból szybko przemienił się w miłość. To wzniosłe doświadczenie, które nadawało sens mojemu życiu.

Oto mój wykład tego poranka. Kupiłem czterdzieści różańców i każdy z więźniów dostał różaniec w prezencie wraz z małą książeczką „Jak modlić się na różańcu", potem powiedziałem do widzenia każdemu z nich, ofiarując serdeczny uścisk. Zdałem sobie jednak sprawę, że żaden z nich nie umiał się na nim modlić. Postanowiłem więc powrócić w następny piątek, aby odmówić cały różaniec wraz z nimi, tak by potem mogli robić to sami.

Tego piątku powróciliśmy tam, Coco i ja, przynosząc ze sobą małe, wyśmienite ciasteczka dla czterdziestu osób i zaczęliśmy uczyć ich modlić się tajemnicami różańca. Po zjedzeniu ciasteczek, pozostało z nami tylko trzech czy czterech dobrze wychowanych więźniów. Niektórzy pytali, czy przyjdziemy w następny piątek. Nie wiedziałem, czy pytanie to było związane z ciasteczkami, ze mną czy z różańcem, ale to mnie mało obchodziło. Powracaliśmy w każdy piątek. Potem kilkoro przyjaciół spytało, czy mogą dołączyć do nas, aby modlić się z *Espartanos*. Ich liczba rosła. To, co odczułem wraz z moją rodziną, stawało się coraz bardziej oczywiste. *Pabellun* 8 stawało się miejscem, w którym żyło się coraz przyjemniej. Czuliśmy się bardziej jak w domu, w rodzinie, wśród przyjaciół. Pod koniec każdego różańca wypełniały nas radość i pokój.

W końcu wszyscy *Espartanos* zaczęli się modlić z nami i ludzie z ulicy — tak właśnie ich nazywano — stawali się coraz liczniejsi. Po każdej tajemnicy dyskutowaliśmy na takie tematy, jak: przebaczenie, uzdrowienie duszy, miłość, dziecięctwo, dźwiganie krzyża, rola szatana, zmartwychwstanie, życie świętych, życie wieczne... Zaczęliśmy modlić się za papieża, za nasze rodziny, za chorych, za ubogich... Łaski błogosławionej Maryi Dziewicy były i wciąż są obfite. Byliśmy świadkami nawróceń, cudów, uzdrowień i wciąż wszystko to wprawia nas w zdumienie.

Krótko mówiąc, w każdy piątek w *Unidad Penitentiaria* 48 około trzystu więźniów pobożnie odmawia różaniec, w *Pabelones* 7, 8, 10, 11, 12. Nigdy nie przerwaliśmy tej modlitwy. Ani lato, ani Boże Narodzenie, ani Wielkanoc, ani wakacje, ani zima, niska temperatura, deszcz ani wielkie upały nie przeszkodziły nam się modlić. Dzisiaj ta praktyka przeszła też do sąsiedniego więzienia, *Unidad Penitentiaria* 47. I w więzieniach, w których uczono rugby, coraz częściej odmawiany jest różaniec. W każdy piątek ci ludzie pozbawieni wolności czekają z niecierpliwością na ludzi z ulicy, aby modlić się na różańcu. Ponad stu wolontariuszy zapełnia parking każdego tygodnia i czekają na swoją kolej, by wejść do więzienia i modlić się do Maryi wraz z więźniami. Odsyła nas Ona do domu z naładowanymi akumulatorami.

Jesteśmy szczególnymi świadkami, stojącymi w pierwszej linii Jej pracy. Jak powiedział papież Franciszek: „Matka Najświętsza może przemienić jaskinię zwierząt w dom Jezusa przy pomocy ubogich środków, w dom pełen miłości". Wciąż powtarzamy to zdanie, a więźniowie odpowiadają: „Więzienie było jaskinią zwierząt, pełną przemocy, śmierci, bólu i cierpienia. Ale teraz gramy w rugby i odmawiamy różaniec. Nie są to już jaskinie zwierząt. Nasz dom jest klubem i będziecie tu zawsze mile widziani".

Cieszę się, że Coco nie zabrał mnie tego dnia na kawę. Jakże dobrą rzeczą jest być członkiem ekipy, która należy do Matki Bożej!

DAMIAN DONELLY
Adwokat, Buenos Aires, Argentyna

Obietnice Najświętszej Maryi Panny dla odmawiających różaniec

Bł. Alain de la Roche, który przyjął habit św. Dominika, któremu zawdzięczamy obecną strukturę różańca świętego, przekazał nam obietnice, które otrzymał od Matki Bożej dla odmawiających różaniec:

1. Wszystkim, którzy będą pobożnie odmawiać różaniec, obiecuję szczególną opiekę i wielkie łaski.

2. Ten, kto wytrwa w odmawianiu różańca, otrzyma konkretne łaski.

3. Różaniec będzie potężną bronią przeciwko piekłu. Będzie on niszczył wady, wyzwalał z grzechu, sprawi, że znikną herezje.

4. Różaniec pozwoli rozkwitnąć cnotom i dobrym dziełom i wyjedna duszom przeobfite Boże miłosierdzie. W sercach zamieszka miłość Boża zamiast miłości świata, wznosząc je ku pragnieniu wiecznych, niebieskich dóbr. Ileż dusz uświęci się w ten sposób!

5. Ten, kto powierza Mi się w różańcu, nie umrze nagłą śmiercią.

6. Ten, kto będzie pobożnie odmawiał różaniec, rozważając jego tajemnice, nie będzie przygnieciony przez nieszczęścia. Grzesznik nawróci się, sprawiedliwy będzie wzrastał w łasce i stanie się godny życia wiecznego.

7. Prawdziwi czciciele różańca będą wspomagani w chwili śmierci pomocą z nieba.

8. Ci, którzy odmawiają różaniec, znajdą w życiu i w chwili śmierci Boże światło, pełnię łask i będą uczestniczyli w zasługach błogosławionych.

9. Bardzo szybko wyzwolę z czyśćca dusze mające nabożeństwo do różańca.

10. Prawdziwe dzieci różańca będą się radowały wielką chwałą w niebie.

11. To, o co będziecie prosić, odmawiając różaniec, otrzymacie.

12. Ci, którzy będą szerzyć różaniec, będą przeze Mnie wspierani we wszystkich potrzebach.

13. Wyjednałam u mojego Syna to, że wszyscy bracia różańcowi mają za braci w życiu i w śmierci świętych w niebie.

14. Ci, którzy wiernie odmawiają różaniec, są wszyscy moimi umiłowanymi dziećmi, braćmi i siostrami Jezusa Chrystusa.

15. Nabożeństwo do różańca jest wielkim znakiem przeznaczenia.

www.ingramcontent.com/pod-product-compliance
Lightning Source LLC
Chambersburg PA
CBHW072150100526
44589CB00015B/2163